Paolo Agramont

Frida Kahlo

En El Ácido Siglo XXI

Paolo Agramont

Frida Kahlo

En El Ácido Siglo XXI

FRIDA KAHLO EN EL ÁCIDO SIGLO XXI

Paolo Agramont

Depósito legal: 4-1-20171-19

ISBN 9798637529254

Primera Edición: agosto, 2019

Diseño y Diagramación: Carlos Cayo Rosas

Edición: Vivianne Agramont

La Paz, Bolivia

ÍNDICE

ÍNDICE DE FIGURAS Y TABLAS

***Para:** Andrés Ortiz, como mi corazón, este libro es y será siempre para ti.*

INTRODUCCIÓN

Frida Kahlo es una de las mujeres más extraordinarias del siglo XX, no solo por su historia sino también por su legado. El catálogo de pinturas que le regaló a la humanidad transcenderán las barreras del tiempo, del espacio y de lo lógico. Será recordada hasta el fin de los tiempos como una de las expositoras más importantes del sentimiento en lienzo. Cada una de sus obras lleva al espectador al encuentro con una historia, contada con el único instrumento que Frida conocía como la morfina del alma, el pincel. A pesar de que su obra tiene lo que Walter Benjamin llama el "Aura", Kahlo ha sido disuelta en el ácido del siglo XXI para convertirse en algo diferente.

Frida Kahlo (y su iconografía) han recorrido un largo camino desde su natal México en el siglo XX, donde era un ícono de la mexicanidad y del mestizaje, hasta el mundo globalizado de hoy en día, para ser un ícono de la cultura pop al lado de Britney Spears y su boa amarilla, y Madonna y su sostén de conos.

Con la velocidad con la que un gotero se convierte en un chorro afluente de agua, que a su vez después se transforma en un río que fluye con fuerza, Frida se ha incorporado en la psique de la gente y en la cultura popular, cambiando el legado que había dejado el 13 de julio de 1954, día de su muerte, por otro legado que existe y la representa el día de hoy.

Frida Kahlo ha pasado de ser una persona a ser una leyenda casi mitológica; en la actual reconstrucción de la identidad de Kahlo, priman la especulación y estas nuevas interpretaciones. Ante esto, la académica Diana Palaversich explica:

En México la gente está cansada y harta de Frida. No ponemos a Frida en un nivel de santa como lo hacen en Estados Unidos y Europa. Siempre fue la esposa de Diego Rivera. Se ha convertido en un invento de los americanos, un producto del marketing, es realmente sobrevalorada (2008, p. 1).

El interés que ha suscitado el misterio de "La Gran Ocultadora" ha llevado a que las personas se interesen por Frida como un personaje y no por su obra. Los fritos y refritos de la vida de Kahlo han llevado a la especulación, a que se realicen nuevas creencias con relación a su figura y que se haga de ella una santa mártir, admirada por su dolor, por su vida y por su contexto; su condición como artista pintora del siglo XX pasa a un segundo plano (o incluso más atrás), para que sea exaltada una historia de sobrevivencia, sufrimiento, amor y magia. Estos nuevos significantes asociados a la figura de Frida Kahlo han dejado que muera el valor de la artista como productora de obras de arte.

Diana Palaversich afirma que esta comercialización de la figura de Kahlo ha generado repudio entre los mexicanos, aunque también agrega otras razones para ello:

Hay que reconocer que la aversión a Kahlo en México no se debe simplemente al entendible cansancio de todos por la parafernalia mercadotécnica que rodea la marca registrada llamada "Frida" […], se debe también a la aceptación (in)consiente de los prejuicios machistas –no siempre dominio exclusivo del hombre– que desconfían de la capacidad artística e intelectual femenina. La disposición negativa hacia Kahlo precede a la comercialización excesiva que repercute adversamente sobre la apreciación del valor artístico de su pintura (Palaversich, 2008, p. 2).

La sobreexplotación de la imagen de Kahlo y las interpretaciones de sus obras artísticas influidas por esta sobreexplotación, han llevado a que se desvirtué el intelecto detrás de estas pinturas que representan a un México del siglo XX a través de los ojos de una mujer mestiza, políticamente activa, y miembro de una élite de artistas representativos del contexto. Esta sobreexposición, reinterpretación y masificación de la imagen y las pinturas de Frida Kahlo han llevado a que el significado de las mismas quede atrás y se conviertan solamente en un apéndice que ayuda a contar la historia de una mujer, donde lo deslumbrante no es el arte producido, sino la vida e historia en sí.

La obra de Kahlo tiene un peso en la historia del arte y en la representación de la mujer latinoamericana y mestiza. Su arte (de forma involuntaria) ha cuestionado los límites y los alcances de las producciones artísticas que puede realizar una mujer, abriendo así las puertas para que otras artistas puedan explorar; sin embargo, hay quienes olvidan que Frida ha afianzado ese suelo. Palaversich explica así las particularidades y aportes de la obra de Kahlo:

Partiendo del predicamento particular de su propio cuerpo y la experiencia personal, la pintora da un paso más, convirtiendo lo privado e íntimo en público y colectivo. Al hacerlo, problematiza la representación idealizada del desnudo femenino y pone énfasis en la actividad biológica de este cuerpo y la posición que tiene dentro de los discursos sociales y sexuales de la época... ella sabotea la gratificación del placer visual masculino y obliga al espectador a prestar atención a los tabúes sociales que rodean el cuerpo de la mujer y sus funciones biológicas (2008, p. 3).

En algunas pinturas, la presencia del color rojo y de la sangre femenina sirven como símbolo de sexualidad, maternidad, y posición social; estos elementos desafiaron a los que en aquel entonces fueron espectadores de la obra de Kahlo, invitándolos a través de un shock a pensar y reinterpretar, entre otros aspectos, la posición de la mujer en la sociedad y así en el mundo. Este es un ejemplo de cómo aspectos importantes y sociales del arte de la pintora se han desvanecido en la metamorfosis de "Frida Kahlo: la pintora" a "Frida Kahlo: la heroína de la cultura popular".

Respecto al arte de Kahlo y los cuestionamientos que suscita, Palaversich explica:

La pintora es también irreverente y no convencional en cuanto a la representación de la sexualidad. Su trato de este tópico va a contrapelo de los conceptos patriarcales y hétero normativos de la mujer como un ser cuya sexualidad solo puede ser concebida y definida en relación al hombre (2008, p. 4).

A través de las imágenes sangrientas y desafiantes la pintora ex- puso limitaciones del discurso social en torno a la definición de la mujer, trazando así el camino para una representación femenina alternativa. Su estilo definido por la influencia del arte popular mexicano, la temática e iconografía han tenido influencia directa e indirecta sobre numerosas artistas de las generaciones posteriores dentro y fuera del mundo hispano (2008, p. 5).

Por otro lado, cabe mencionar que la construcción física de la imagen de Frida Kahlo también tenía un propósito. El incorporar el atuendo indígena de Tehuana a la construcción de su identidad, no tenía un origen en la vanidad o en la moda, más bien era una representación de un pensamiento y de una identidad: "Es una metáfora de toda identidad híbrida y de disolución de fronteras entre las oposiciones binarias hombre/mujer, europeo/indígena, mito/realidad, ser humano/máquina, ser humano/naturaleza" (Palaversich, 2008, p. 7).

Este sentimiento y expresión de identidad han sido glorificados e reinterpretados de manera que sirvan para imponer moda en el presente siglo. Se ha resaltado la imagen de una Frida Kahlo modelo e innovadora, desvaneciéndose así los significados de sus atuendos y su valor en la construcción de su imagen. La masificación y las réplicas del look de Frida Kahlo en formas modernas y acordes al contexto actual demuestran una vez más que la sobreexposición la ha despojado de sus orígenes y principios para reinterpretarla de maneras cuestionables.

Otro aspecto que rescata Diana Palaversich, y que es también frecuentemente olvidado, es que "estos estudios (del arte de Kahlo) nos permiten identificarla como la primera pintora en la historia del arte que se ha ocupado de una manera sistemática a la representación del cuerpo sintomático o discapacitado" (2008, p. 10).

En suma, Frida Kahlo a través de su pintura ha logrado transgredir la estética de la mujer en el siglo XX, mostrando un cuerpo roto, ensangrentado y velludo; volteando el lente visor enfocado en una mujer hecha para el placer masculino para mostrar una mujer más humana y más cercana a la decadencia natural del cuerpo humano. Este es uno de los

motivos que ha llevado a las mujeres a finales del siglo XX
a considerarla como un ícono feminista, porque Kahlo ha
desafiado la dicotomía de género, poniéndose muchas veces
en el lugar de un hombre (aspecto que se analizará a
profundidad en la investigación) y mostrando otro cuerpo de
mujer en el arte.

La masificación de las pinturas y de la imagen de Frida Kahlo
la han transformado en un ícono feminista, pero no por las
razones anteriormente mencionadas, sino por ser una heroína
del amor trágico, convirtiéndola en un personaje de
telenovela con el que las nuevas generaciones pueden
identificarse y llorar sus propias penas.

Es aquí donde nace la primera explosión que pone en marcha
esta investigación. ¿Cómo ha pasado el arte y las fotos de
Frida Kahlo, siendo la antítesis del cuerpo comercial, a ser un
producto de comercialización masiva?

Para poder responder esta pregunta, esta investigación analiza
y usa como base la teoría de la pérdida del "aura" de Walter
Benjamin, demostrando así que sigue vigente en el siglo XXI.
Dicha teoría permitirá analizar la transformación de Frida
Kahlo, pintora mexicana a Frida Kahlo, una marca registrada.
Para adentrarse en el pensamiento de Walter Benjamin, se
debe tener en cuenta que tradicionalmente la obra de arte
se caracterizaba por ser un objeto único, no había réplicas
masivas dispersas accesibles para la mayoría, sólo había un
original:

El concepto de la autenticidad del original está constituido por su aquí y ahora; sobre estos descansa a su vez la idea de una tradición que habría conducido a ese objeto como idéntico a sí mismo hasta el día de hoy (Benjamin, 2003, p. 42).

Benjamin parte de la idea, de que el arte es arte por varios factores, que en conjunto crean lo que es el "aura". Uno de esos factores es que la obra de arte es única, y parte de esa característica es que la obra descansa en un solo lugar, por lo que no puede estar en varios lugares al mismo tiempo. Esto quiere decir que no es fácilmente accesible. La obra de arte en sí contiene un valor tradicional y cultural en función de su contexto y el lugar específico donde se halla. Por eso el teórico alemán explica: "¿Qué es propiamente el aura? Un entretejido muy especial de espacio y tiempo: aparecimiento único de una lejanía, por más cercano que pueda estar" (Benjamin, 2003, p. 47).

Según esta teoría, el arte nace de un evento transcendental entre un artista y algo divino. El choque entre ambos hace que nazca la obra, la cual es fruto de un proceso de creación tan capcioso y minucioso (capacidad que solo tienen los artistas) que este no puede ser repetido ni copiado. La pieza artística debe permanecer en un lugar donde pueda ser apreciada, mas no poseída. Estos valores hacen que la obra sea auténtica.

En tanto que una obra de arte es producto del contacto del artista con lo divino, para Benjamin, tiene un valor culturalreligioso y su apreciación por un tercero, en un lugar en específico, adquiere un carácter ritual en el que develamiento de un mensaje se experimenta, pero esta experiencia es inefable: "El valor ritual prácticamente exige que la obra de arte sea mantenida en lo oculto" (Benjamin, 2003, p. 53).

La reproductibilidad de la obra de arte quita el estatus de arte a la obra, es decir, ya no está en el pedestal como obra de lo transcendental e inalcanzable y, por el contrario, está más cerca da las masas. Al hacer de una obra de arte algo accesible para la mayoría, la valoración del arte pierde su carácter crítico y transcendental, porque lo que suelen valorar las "masas" son aspectos superfluos de la obra, su interpretación y apreciación tiende a ser simplificadora. Por ejemplo, en el caso de Frida Kahlo, dejamos de verla como un ícono de revelación femenina, mestizaje y mexicanidad, para verla como otro símbolo de la cultura pop así como la boa amarilla de Britney Spears o el sostén con conos de Madonna. En palabras de Benjamin:

En efecto, mientras más disminuye la importancia social de un arte, más se separan el público –como se observa claramente en el caso de la pintura–, la actitud de disfrute y la actitud crítica. Lo convencional es disfrutado sin ninguna crítica; lo verdadera- mente nuevo es criticado con repugnancia (2003, p. 82).

¿Puede la ausencia del aura convertir al arte en solo mercancía?

¿La Corporación Frida Kahlo ha despojado al arte de Frida de su cualidad de arte y lo ha convertido así como a la imagen de la artista en productos de marketing?

¿Se puede comprobar que la teoría de Walter Benjamin sigue vigente en el siglo XXI, observando los productos de la Corporación Frida Kahlo?

CAPÍTULO I

LA TEORÍA DE WALTER BENJAMIN

> *"Copiado en millones de*
> *ejemplares, el más bello de los objetos se vuelve feo"*
> *(Benjamin, 2003, p. 120).*

Los seres humanos tan tenido la habilidad de crear reproducciones desde siempre. En la antigua Grecia, se hacían moldes para poder, en un solo tiraje, hacer varias vasijas. Esta reproductibilidad de la que habla Benjamin no es lo mismo que la masificación; ya que, en este caso, es el autor de la obra de arte el que ha creado un método de reproducción de su arte.

La masificación del arte se da cuando interviene un instrumento tecnológico para así copiar la pieza artística y obtener miles de ejemplares. No se puede comparar a los monjes del siglo V que copiaban libros sagrados para su prevalencia con una imprenta que puede reproducir miles de ejemplares en un tiempo reducido. En palabras del propio teórico alemán:

En principio, la obra de arte ha sido siempre reproducible. Lo que había sido hecho por seres humanos podía siempre ser re-hecho o imitado por otros seres humanos. Hubo, en efecto, imitaciones, y las practicaron los mismos discípulos para ejercitarse en el arte, maestros para propagar sus obras y también terceros con ambiciones de lucro (Benjamin, 2003, p. 39).

La diferencia entre una obra de arte intacta y una que ha sido reproducida y masificada, según Walter Benjamin es la existencia del aura. Esta es una cualidad que tiene el arte que lo hace en sí arte. Según el criterio del autor, una obra de arte es algo que se asemeja a lo celestial, ya que posee en sí características que la hacen casi sobrehumana, pues es fruto de la develación de algo divino y es una huella de ese momento sublime. Esta característica es la que regocija al espectador cuando este está en presencia del arte.

Otro factor que contribuye a la experimentación del aura de la obra es el lugar donde se encuentra: "La historia a la que una obra de arte ha estado sometida a lo largo de su permanencia es algo que atañe exclusivamente a esta, su existencia única." (Benjamin, 2003, p. 42).

La obra de arte tiene un contenido denso, se carga de sentidos, en función de un lugar, un tiempo y un evento (este último transcendental) específicos. El lugar donde está el arte también tiene que ver con el aura, porque la locación física donde se ha decidido producir y/o exhibirlo también representa algo. En el caso de Frida Kahlo, es muy distinto tener uno de sus cuadros que representan un México del siglo XX, en México, que tenerlo en un museo de arte en Francia. El contenido de la obra y el lugar donde reside, configuran y afectan la experiencia del aura del arte. El arte conlleva en sí un testimonio histórico.

Cuando se trata de la reproducción, donde la primera se ha retirado del alcance de los receptores, también el segundo −el carácter del testimonio histórico− se tambalea... pero lo que se tambalea con él es la autoridad de la cosa, su carga de tradición (Benjamin, 2003, p. 44).

Cuando los griegos reproducían sus vasijas, habiendo en este caso el artista creado el molde para sí mismo, estos todavía cargan cierta historia de su origen y del origen de los creadores. En el caso de la masificación actual, tanto el original como la copia se homogenizan, entonces, no se necesita estar en México para poder presenciar una obra de Frida Kahlo, sino que esta puede estar en cualquier parte del mundo, perdiéndose así la carga de su tradición y origen. La eliminación del valor de tradición es la eliminación de la herencia cultural.

En este punto, cabe preguntarse por la postura de Benjamin res- pecto a la fotografía. La cámara es un aparato que permite reproducir en varios ejemplares una misma foto y todas son copias, es decir, no hay un original. La reproducción técnica proporcionada por una cámara, según su uso, puede servir como herramienta de reproducción masiva o favorecer al estudio y ejercicio del arte:

"Ella [la reproducción técnica] puede, por ejemplo, resaltar en la fotografía aspectos del original que son asequibles a la lente, con su capacidad de elegir arbitrariamente un punto de vista, y que no lo son al ojo humano; puede igualmente, con la ayuda de ciertos procedimientos como la aplicación o el uso del retardador, atrapar imágenes que escapan completamente a la visión natural", (Benjamin, 2003, p. 43).

Pero ¿qué es propiamente el aura? Para Benjamin, el aura es "un entretejido muy especial de espacio y tiempo: aparecimiento único de una lejanía, por más cercana que pueda estar" (Benjamin, 2003, p. 47).

Según Benjamin, el aura es como ese momento único en el que presenciamos un atardecer. Sabemos que el tiempo que tome el sol en ponerse escapa de nuestras manos, por lo que lo observamos muy detenidamente durante lo que se nos sea permitido, para así apoderarnos y poder apreciar esta mágica, única e irrepetible experiencia. El aura en el arte es lo mismo, no podemos llegar a acercarnos a una obra de arte en su totalidad, no la podemos poseer, y el estar en su presencia no puede durar mucho tiempo. Ese regocijo con el que apreciamos un atardecer es el mismo con el que sentimos y experimentamos el aura de una obra de arte, en un lugar

20

específico, por un tiempo específico, los cuales no están en nuestro poder para manipular.

Una antigua estatua de Venus, por ejemplo, se encontraba entre los griegos, que hacían de ella un objeto de culto, en un conjunto de relaciones tradicionales diferente del que prevalecía entre los clérigos medievales, que veían en ella un ídolo maligno. Algo, sin embargo, se les ofrecía a ambos de la misma manera: la unicidad, es decir el aura (Benjamin, 2003, p. 49).

Una característica del aura es ese valor único que tiene el arte, que hace que este sea insustituible, que hace que la obra sea auténtica. Ni el mejor de los copiadores de arte va a poder hacer una obra igual a la "Noche Estrellada" de Vincent Van Gogh, porque la obra lleva un sentimiento único que representa el encuentro de lo transcendental, también conlleva en sí una carga histórica del lugar, las circunstancias y la época en la que esta fue creada.

El aura se fundamenta en el ritual, la obra de arte está reservada para ser apreciada solo en ciertos momentos y bajo ciertas condiciones; de hecho, históricamente, la producción de una obra tenía un propósito mágico más que exhibitorio:

La producción artística comienza con imágenes que están al servicio de la magia. Lo importante de estas imágenes está en el hecho de que existan, no en que sean vistas. El búfalo que el hombre de la Edad de Piedra dibuja sobre las paredes de su cueva es un instrumento mágico que solo casualmente se exhibe a la vista de los otros. Lo importante es, a lo mucho, que lo vean los espíritus (Benjamin, 2003, p. 53).

El aura es en el arte lo que los sentimientos son para el ser humano. Se pueden sentir, pero no se pueden ver. El arte, siguiendo los planteamientos de Benjamin, es la materialización de un sentimiento profundo, el cual tiene un sentido único para el creador. Al ser el arte una expresión íntima no está elaborada para que sea expuesta a todos, ya que el significado de la misma solo lo puede descifrar el creador. Respecto al desplazamiento del valor ritual del arte por el valor de exhibición, el teórico alemán explica:

Con la fotografía, el valor de la exhibición comienza a vencer en todo la línea del valor ritual. Pero este no cede sin ofrecer resistencia. Ocupa una última trinchera, el rostro humano. No es de ninguna manera casual que el retrato sea la principal ocupación de la fotografía en sus comienzos. El valor de culto de la imagen tiene su último refugio en el culto al recuerdo de los seres amados, lejanos o fallecidos. En las primeras fotográficas, el aura no hace una última seña desde la expresión fugaz de un rostro humano. En ello consiste su belleza melancólica, la cual no tiene comparación. Y allí donde el ser humano se retira de la fotografía, el valor de exhibición se enfrenta por primera vez con ventaja al valor al culto" (Benjamin, 2003, p. 58).

En el caso de la fotografía de retratos, podemos ver cómo el aura está presente en el aquí y en el ahora. Una fotografía con valor personal puede guardar en sí misma, como lo menciona el autor, la melancolía de un tiempo específico y de un lugar específico. Encapsulando así un momento histórico, siendo este momento histórico y esta melancolía el aura de la fotografía.

Al cambiar las condiciones de producción del arte y las posibilidades de su acceso se generan consumidores de arte que solo buscan satisfacer sus necesidades de entretenimiento:

Las masas buscan diversión en la obra de arte, mientras que el amante del arte se acerca a esta con recogimiento. Para las masas, la obra de arte sería una ocasión de entretenimiento; para el amante del arte, ella es un objeto de devoción (Benjamin, 2003, p. 92).

La destrucción del Aura

El crecimiento de las masas y de la tecnología tiene una tendencia por acercarse a las cosas. Las masas contemporáneas tienen la manía de querer poseer en copia, en reproducción, en falso, lo que les gusta y entretiene para poder repetir esa sensación continuamente. Esta manía es la principal muestra de la pérdida de condiciones y capacidades para apreciar el aura, ya que al tratar de poseer el arte, se pierde el aquí y el hora, que es la base de lo que es el aura, porque el poseer homogeniza el arte en el mundo.

¿Qué valor tiene el arte para quienes lo producen y lo consumen?

Walter Benjamin afirma que la obra de arte tiene la cualidad de ser reproductible. La creación del ser humano puede ser re-creada o imitada por otros seres humanos. Ciertos autores han reproducido su obra para propagarla. Es así como la reproductibilidad técnica permite que existan varias obras (originales) del mismo autor, lo que la diferencia de la imitación de la misma. Sin embargo, "incluso en la más perfecta de las reproducciones una cosa queda fuera de ella: el aquí y ahora de la obra de arte, su existencia única en el lugar donde se encuentra" (Benjamin, 2003, p. 42).

La autenticidad de la obra original está conformada por el aquí y ahora de la obra, queda en claro que detrás de estos dos factores se encuentra una tradición e historia de la obra de arte. "Lo auténtico, que mantiene su plena autoridad frente a la reproducción manual, la que por lo regular se califica de falsificación, no puede hacerlo en cambio frente a la reproducción técnica" (Benjamin, 2003, p. 43).

Para el teórico alemán, una obra producto de la reproductibilidad técnica sólo aporta a la experiencia estética si permite profundizar en el sentimiento que genera la original; por ejemplo, la ampliación fotográfica de una porción de un cuadro para mostrar un detalle imperceptible al ojo humano favorece a la admiración del arte, mientras que una imitación no.

Por lo tanto, el aquí y el ahora del arte son parte fundamental del aura, ya que estas características hacen que la obra de arte sea única, al igual que su locación, lo cual refuerza el sentido de unicidad del arte, ya que el arte no viaja a nosotros, sino que nosotros tenemos que viajar al arte. También el tiempo que tenemos frente a una obra de arte es limitado, ya que al ser único, no lo podemos guardar ni poseer para poder admirar cuando se nos antoje.

Benjamin sostiene que:

Cuando se trata de la reproducción, donde la primera se ha retirado del alcance de los receptores, también el segundo - el carácter de testimonio histórico - se tambalea, puesto que se basa en la primera. Solo él, sin duda; pero lo que se tambalea con él es la autoridad de la cosa, su carga de traducción (Benjamin, 2003, p. 44)

En otras palabras, este proceso de reproducción transforma la identidad de la obra que está basada en la tradición e historia que conlleva la misma. La reproducción y el acceso masivo de una pieza artística conducen a que exista una crisis por la liquidación del valor tradicional de la obra y la herencia cultural de la misma, que son características que hacen que una obra sea arte y exista el "aura".

Según Benjamin, una obra de arte nace a partir de una epifanía personal o un acercamiento sobrenatural con lo divino. Esto hace que una obra de arte sea poseedora del aura, característica que le da a la obra un sentido de ser inalcanzable. Una obra de arte que se encuentra resguardada en un museo no está al alcance de todos, el espectador (en muchos casos) recorre largos caminos para llegar a la obra, hace un aporte económico y recién se le concede el poder presenciar y admirar la obra por una limitada cantidad de tiempo.

Históricamente, el aquí y él ahora le dan a la obra de arte un carácter único y la apreciación de piezas auténticas fue y sigue siendo inalcanzable para las masas en sí, ya que solo la elite puede llegar hasta la obra arte. Según la teoría de Benjamin, no se debería buscar lo contrario y revertir esta situación, es decir, el arte no debería ser fácilmente accesible ni mucho menos estar al alcance de las masas. Esto nos enseña que el arte tiene que ser buscado y no algo que simplemente se nos cruce por delante.

Para puntualizar, el consumo masificado del arte ha resultado en la decadencia del aura. Las masas contemporáneas tienen como tendencia de consumo el "acercarse a las cosas", el poseer- las para hacer perdurables las sensaciones que les transmiten. El aprecio por la unicidad de las cosas se pierde a través de la reproducción masiva del arte, por la irresistible necesidad de las masas de apoderarse del objeto y poder manipularlo en su más próxima cercanía.

Para Benjamin, "el valor único e insostenible de la obra de arte "auténtica" tiene siempre su fundamento en el ritual" (2003, p. 50). (El ritual de la elaboración de una obra de arte hace que esta se empape de características de la época de elaboración, cargando así a la obra auténtica de un valor cultural y político propio de una determinada época en la historia).

"El valor del ritual prácticamente exige que la obra de arte sea mantenida en lo oculto" (Benjamin, 2003, p. 52). Como es el caso de ciertas imágenes de la Virgen que están ocultas y son ex- puestas solo en ocasiones especiales y religiosas durante el año, lo que convierte a la obra de arte en un artefacto hecho para ciertas elites y eventos, y no de acceso permanente para las masas.

Las masas hoy en día han transformado el comportamiento del espectador frente a la obra de arte. Las masas buscan entretenimiento en el arte. El amante del arte busca un acercamiento a este con recogimiento. El espectador que se enamora y recoge ante una obra de arte se "hunde" en ella. Las masas al usar el arte como entretenimiento hacen que el arte se hunda en ellas.

La reproducción de manera masiva de las obra de arte no está interconectada solamente con la fabricación masiva de productos industriales, sino también con la producción masiva de actitudes y desempeños humanos. Dejar de lado estas interconexiones implica privarse de los elementos de análisis necesarios para determinar la función actual del arte. Según la teoría de Walter Benjamin, la historia del arte es una historia que es producto de profecías. Esta historia solo puede ser escrita desde el punto de vista del presente actual inmediato. Cada época le da al arte una posibilidad nueva de interpretación que no se hereda.

Industria y consumo cultural

Por medio de correspondencia, Theodor Adorno y Walter Benjamin, que tenían una estrecha amistad, debatían sus teorías sobre el arte. En estas cartas, Benjamin expone la necesidad que tienen las masas de acortar la distancia y el tiempo entre una obra de arte y el público.

Para poder entender mejor la relación sustancial que tiene la producción con el consumidor, se tiene que entender a las masas.

Uno de los temas de discusión de estos teóricos era el cine. Según Adorno, los films o montajes cinematográficos son más democráticos, ya que en este caso los espectadores se convierten en críticos de la obra. La industria del cine honorifica a   las masas "bajando" para llegar a estas (es decir, es accesible al público), y no como en otras artes donde el espectador   tiene que "subir" para apreciar la obra (es decir, reunir una serie de condiciones y hacer esfuerzos para estar ante la obra).

Adorno mencionaba a Benjamin (Adorno y Benjamin, 2001) que el cine sí poseía un aura y que más bien eran las revistas de cine y las estrellas que aparecían en ellas las que hacían que este arte se dañe, tornándose comercial y hecho para las masas; ya que las artes se dañan en la comodidad del "mass-art" y el estigma del capitalismo.

Adorno (Adorno y Benjamin, 2001) también critica que el arte se haya reducido a un producto. Por ejemplo, en el ámbito de la música, la música popular no tenía un impacto sorpresivo como debería tener el arte en general; debido a que los consumidores de la misma, gracias a la homogenización, ya saben qué es lo que van a escuchar antes de haber escuchado la pieza musical, puesto que esta no fue creada para ser apreciada, sino más bien es impuesta sobre las masas. Esto lleva a la afirmación de que el individuo está "licuado", porque el arte y la música están estandarizados, y las masas están más interesadas en tener el hecho de poder poseer una obra hecha para las masas, que en la obra que este producto representa.

Por otra parte, Adorno es uno de los fundadores de la Escuela de Frankfurt. Esta escuela sostiene que el valor que tiene una obra de arte en gran parte está fundado en el proceso de elaboración de la misma y las condiciones que motivan su producción (Adorno y Eisler, 1994), confirmando así la teoría de Benjamin que explica que el aura es lo que da valor al arte.

Tomando esto en cuenta, se puede ahora ver cómo es la industria cultural, la cual dicta qué productos culturales son buenos y cuáles no, dejando a los consumidores con la ilusión de que son ellos los que tienen la elección en sus manos. Los grupos humanos están controlados por su cultura, la cual está estructurada para mantener el statu quo, dejando cero posibilidades de escapar de la industria cultural.

Adorno (Adorno y Benjamin, 2001) también expone que la industria cultural se encarga de crear productos culturales para subordinar individuos y favorecer al capitalismo. La industria cultural produce en masa y distribuye productos culturales con la intención de generar entre los consumidores la sensación de necesidad de estos productos masivos.

La noción de cultura industrial viene de Karl Marx, quien expone que la gente está consumiendo productos gracias a la industrialización, pero este proceso hace que los productos pierdan valor mientras más ejemplares del mismo existan. En este mundo de mercancías, todo es igual y nada tiene rasgos individuales que hagan que tenga una identidad única. En el caso del arte, cuando es masificado, ya no tiene como uno de sus propósitos la reflexión personal.

Estos productos culturales están hechos para agradarle a todo el mundo, y de este modo poder homogenizar a las audiencias. Por ejemplo, en la época en que desarrollaron sus teorías los pensador de la Escuela de Frankfurt, la radio era la que dictaba qué era bueno, qué era malo, qué real y qué no, subordinando una vez a las masas.

Horkheimer y Adorno (1994) sostuvieron que las fuerzas políticas y económicas están colonizando la esfera cultural a través del marketing que dicta conductas de consumo. Hasta el tiempo libre está dictado por el consumo también, ya que se trata de posicionar la idea de que hay que comprar un producto si se quiere descansar.

La Escuela de Frankfurt

Existe un proceso que ha estado en constante evolución y es el que ha llevado a Frida Kahlo a ser, desde su muerte, un ícono de la cultura mexicana, el mestizaje, la dualidad, así como también un ícono popular y de moda, entre otros. Este proceso ha tenido dos partes fundamentales en la creación y recreación de Kahlo, su paso como pintura a producto masivo.

En este proceso, la codificación y la decodificación de los significados asociados a las pinturas de Kahlo y a su imagen ha cambia- do y, en muchos casos, esta significación ha sido cambiada para poder hacer de la pintora un producto de las industrias culturales.

Para poder entender este proceso mediante el cual se convierte a la cultura en un producto para los consumidores masivos y cómo los comportamientos de los consumidores de arte han cambiado, es importante conocer la Escuela de

Frankfurt.

Esta escuela formuló explicaciones para entender los cambios sucedidos en las sociedades capitalistas de occidente desde la teoría marxista. Fueron parte de este grupo autores como Theodor Adorno, Herbert Marcus, Leo Lowenthal y Erich Fromm, quienes de una forma amplia analizaron el fenómeno de la cultura y las masas, desde la música hasta la literatura. Al respecto de sus aportes: "La escuela de Frankfurt también ha producido algunas de las primeras nociones dentro de la teoría social crítica de la importancia de la cultura de masas y la comunicación en la reproducción social y la dominación" (Edwards y Kellner, 2007, p. 49).

Fue la escuela de Frankfurt la que de primera mano experimentó (trasladándose de la Alemania nazi a los Estados Unidos) las primeras manifestaciones de la cultura mediática, que incluían al film, la música popular, la radio, la televisión y otras formas de cultura masiva. En este periodo, Marx Horkheimer y Theodor Adorno comenzaron a analizar la comercialización e industrialización de la cultura, procesos impulsados por el capitalismo y la producción.

Tim Edwards y Douglas Kellner explican la noción de industria cultural para los pensadores de la Escuela de Frankfurt:

El término "industria cultural" se refiere a aquel proceso por el cual la cultura es industrializada y masificada, y también los motores comerciales que impulsan este proceso. Los analistas críticos han demostrado cómo la industria cultural y los productos de producción masiva, la mercantilización, la estandarización y la masificación están modificando las conductas de los consumidores. Mostrando así que la cultura está siendo tratada y utilizada como un producto hecho para el consumo masivo (Edwards y Kellner, 2007, p. 49).

Frida Kahlo es un ícono de cultura mexicana; pero, al ser su imagen y sus pinturas masificadas por la Corporación Frida Kahlo, la industria cultural está cambiando la forma en la que los espectadores perciben su obra, y así los significantes de sus pinturas y de su imagen en sí cambian para convertirse en otra cosa. Se ha convertido a la pintora y a sus obras en un producto de consumo masivo, dejando muy empañado el hecho de que Frida es un ícono cultural.

Volviendo a la explicación de los postulados de la Escuela de Frankfurt, cabe señalar:

Los teoristas críticos también han analizado a las industrias culturales en una atmósfera política, haciéndola una herramienta de integración de la clase obrera en las sociedades capitalistas. Los teóricos de la Escuela de Frankfurt fueron uno de los primeros grupos neo-marxistas que han examinado los efectos de la cultura de masas y el crecimiento de las sociedades de consumo en la clase trabajadora (Edwards y Kellner, 2007, p. 50).

Gracias a este proceso es que la clase trabajadora ha comenzado a consumir arte como producto de la industria cultural. De esta forma, el arte que llegaba a este grupo social en general era distinto, ya que por el hecho de haber pasado por un proceso de industrialización de la cultura, sus significantes habían cambiado.

Respecto al papel de la tecnología y de los medios de comunicación en el proceso de masificación del consumo cultural, Edwards y Kellner explican lo siguiente:

La escuela de Frankfurt también ha señalado como la tecnología es parte importante de la creación de las industrias culturales ya que esta ha sido una fuerza fundamental para la producción y formación de la misma. Es la tecnología la que en el ámbito de la cultura ha logrado que los individuos se adapten a patrones dominantes de pensamiento y comportamiento, y por lo tanto proporciona un potente instrumento de control social (2007, p. 50).

Cuando los miembros de la Escuela de Frankfurt estuvieron exiliados en los Estados Unidos lograron observar como la cultura pop y su ideología existía para promover intereses del capitalismo americano. Las industrias culturales, siendo controladas por corporaciones gigantescas, eran creadas y modificadas para poder tener las características de productos masivos que representan valores, estilos de vida he instituciones de "la vida americana" (2007, p. 51).

Más adelante, en el presente caso de estudio, se podrá ver cómo la película "Frida" (2002) ha sido un detonante que ha favorecido a que Kahlo sea un personaje humanizado y trivializado delante de la pantalla, pues al ser percibida así como un personaje con características propias (el atuendo, las trenzas y las flores) se logró que diera un salto hacia la cultura pop. Este salto es el que ha favorecido y facilitado que se convierta en un producto masivo.

El que haya prevalecido ciertas características de la figura de Kahlo en detrimento de otras que permiten formarse una imagen más compleja e integral de ella se puede explicar de la siguiente manera:

Según la Escuela de Frankfurt, los productos culturales masivos venden deseos, sueños, esperanzas, miedos y añoranzas, las cuales crean un hambre indiscutible y latente por consumir estos productos. La industria cultural produce eso que las sociedades existentes necesitan para calmar las necesidades que una sociedad tiene (Edwards y Kellner, 2007, p. 51).

Siendo un producto masivo, Frida ha cambiado sus significantes para satisfacer las necesidades de las masas, para que así estos productos sean más fáciles de vender. En la cultura pop actual podemos ver a Frida (entre muchos otros nuevos significantes) como una heroína feminista. Esta noción ha nacido y se ha instalado solo para satisfacer a los consumidores.

Las instituciones y empresas que comparten la visión de la industria cultural están creando un modelo capitalista homogéneo. La cultura se construye a partir de las relaciones sociales, pero también hay un sistema capitalista por el que la cultura está siendo creada como mercancía para ser consumida y este consumo es afectado por y afecta a la sociedad, la política y la economía.

Los estudios culturales han demostrado que la cultura de masas ha homogenizado a los consumidores, ya que han sido las corporaciones las que han logrado dictar los deseos, gustos y comportamientos de los consumidores, haciendo que estos sean homogéneos. El individuo ya no es el motor propulsor del progreso social y cultural, las corporaciones están dominando al individuo.

CAPÍTULO II

FRIDA KAHLO

Espero alegre la salida y espero no volver jamás.

Frida Kahlo

Es importante hacer un recorrido por los momentos más importantes de la vida de Frida Kahlo, para poder entender su contexto histórico y los hechos que la han guiado por el camino del arte. También es necesario hacer un recorrido corto por la vida de la artista, para entender cómo la transcendentalidad en sus experiencias de vida la han llevado a crear arte.

Magdalena Carmen Frida Kahlo y Calderón nació el 6 de julio de 1907 en la Casa Azul, siendo la tercera de cuatro hijas.

La poliomielitis ataco la pierna derecha de Frida cuando tan solo tenía 6 años de edad, haciendo que su pierna adelgazara y su pie no se desarrollará correctamente. Este hecho hizo que la vida después de su accidente sea muy dolorosa y difícil. Frida trató durante toda su vida ocultar su pierna afectada usando pantalones de hombre y faldas largas.

Frida hizo sus años de escuela en el Colegio Alemán de México para después postularse para ir a la escuela superior. "De los dos mil alumnos de la escuela, Frida era una de las treinta y cinco chicas que fueron admitidas. Quería hacer el bachillerato, pues le interesaban mucho las ciencias naturales, especialmente biología, zoología y anatomía, y deseaba ser médico." (Kettenmann, 1999).

Fue en la escuela preparatorio donde Frida se hizo parte de un grupo juvenil izquierdista llamado "Los Cachuchas", donde conoce a Alejandro Gómez Arias, quien sería el primer amor de Kahlo y a quien, años más tarde, le regalaría el cuatro "Auto Retrato con Traje de Terciopelo" de 1927.

"El accidente" el hecho que cambió el curso de la vida de Kahlo se suscitó el día17 de septiembre del año 1925. Una coalición entre un autobús y un tranvía. "La colisión del autobús con un tranvía provocó la muerte de varios pasajeros. Frida Kahlo resultó gravemente herida y los médicos dudaban que fuera a sobrevivir." (Kettenmann, 1999).

"Los camiones de mi época eran absolutamente endebles, comenzaban a circular y tenían mucho éxito; los tranvías andaban vacíos. Subí al camión con Alejandro Gómez Arias.

Yo me senté en la orilla junto al pasamanos y Alejandro junto a mí. Momentos después, el camión chocó con un tren de la línea Xochimilco. El tren aplastó al camión. Fue un choque raro; no fue violento, sino silencioso, lento y maltrató a todos. A mí, mucho más. […] Yo era una muchachita inteligente, pero poco práctica, pese a la libertad que había conquistado. Quizá por eso no medí la situación, ni intuí la clase de heridas que tenía. En lo primero que pensé, fue en un balero de bonitos colores que había comprado ese día y que llevaba conmigo. Intenté buscarlo, creyendo que todo aquello no tendría mayores consecuencias. Mentira que uno se da cuenta del choque, mentira que se llora. En mí no hubo lágrimas. El choque nos brincó hacia adelante, y a mí, el pasamano me atravesó como la espada a un toro. Un hombre me vio con una tremenda hemorragia, me cargó y me puso en una mesa de billar hasta que me recogió la Cruz Roja" – Frida Kahlo.

La escena, tan trágica y artística a la vez dejaría secuelas en la vida de Kahlo que ninguna pintura, jamás, pudieron curar. "Ella yacía sobre lo que quedaba de la plataforma del autobús. Desnuda, recubierta de sangre y oro. Imagen alucinante que hizo exclamar a algunos: ¡La bailarina, miren a la bailarina!" (JAMÍS, 1999)

Frida trato de incorporarse sin tener conciencia de la gravedad de su estado. El pasamanos que le atravesaba la espalda daba la impresión de que toda esperanza estaba perdida. Alguien había sacado, de un café, una mesa para auxiliarla, donde entre la sangre y el oro le extirparon la barra de metal que la atravesaba.

"Cuando se lo sacó, Frida, gritó tan fuerte que no se oyó la sire- na de la ambulancia de la Cruz Roja cuando llegó" – Alejandro Gomes Arias.

El accidente cambió la forma de percibir el mundo y a la misma de vida de Frida Kahlo. Tuvo que quedarse en cama durante vari- os meses y someterse a varias operaciones y usar corsés de yeso que se colocaban con una dolorosa instalación en su cuerpo.

Las lesiones en la columna vertebral limitaron su facultad de movimiento, teniendo que guardar cama en una posición horizontal, fue entonces cuando Frida, para matar las horas de aburrimiento empieza a pintar desde su cama. "«Creí tener energía suficiente para hacer cualquier cosa en lugar de estudiar para doctora. Sin prestar mucha atención, empecé a pintar», declararía más tarde al crítico de arte Antonio Rodríguez." (Kettenmann, 1999).

"La cama fue cubierta con un baldaquín en cuyo lado inferior había un espejo todo a lo largo, de modo que Frida podía verse a sí misma y servirse de modelo. Este fue el comienzo de los numerosos autorretratos que constituyen la mayoría de su obra y de los que hay, casi sin excepciones, ejemplos en todas las fases de su creación." (Kettenmann, 1999).

La posición en la que se encontraba Kahlo le permitia auto

40

estudiarse, reconocerse y reconstruirse a través de la pintura. Empezando así a crear sus primeras obras.

En 1927 la recuperación de Kahlo era evidente pero efímera ya que jamás llegaría a recuperarse totalmente de aquel terrible accidente. Los meses en cama y los múltiples corsés le habían ayudado a poder desempeñar una vida más normal.

Poco a poco Frida fue retomando su vida y empezó a involucrarse en los movimientos comunistas, en los que conoció a Diego Rivera.

Frida admirada mucho a Rivera, no solo como artista, sino también por su involucramiento político, es por eso que ella tenía la necesidad de saber cuál era su opinión sobre sus cuadros. Diego le aconsejó que siguiera pintando y desde entonces él se convirtió en una visita frecuenta en la vida de Kahlo.

Frida y Diego se casaron el 21 de agosto de 1929.

Diego pertenecía a un grupo de intelectuales mexicanos que representaban y defendían el "Mexicanismo" en su vida y en su trabajo. Esta corriente logró sumergir a Frida, cambiando así su forma de vestir por una más tradicional con atuendos de Tehuana.

"Este fue su atuendo preferido desde que se casó con Rivera, y tenía, además, la ventaja de que la falda larga hasta el suelo ocultaba a la perfección su defecto corporal, la pierna derecha, más corta y delgada que la izquierda. El atuendo proviene de una región del suroeste de México cuyas tradiciones matriarcales se han conservado hasta el día de hoy, y cuya estructura económica delata el dominio de la mujer." (Kettenmann, 1999).

En 1930 el matrimonio Kahlo – Rivera fue a Estados Unidos donde Diego fue comisionado la pintura de varios murales. Mientras él trabajaba Frida continuaba pintando para sí misma. "El interés de los norteamericanos por el desarrollo cultural de su vecino sureño, por el llamado «renacimiento mexicano», era grande. Y viceversa, los Estados Unidos constituían un centro de atracción para los artistas mexicanos. Algunos de ellos emigraban al país vecino para sacar provecho del desarrollado mercado artístico." (Kettenmann, 1999).

En su estancia en Estados Unidos Frida descubrió que estaba embarazada. El embarazo no llego a culminarse y fue interrumpido por razones médicas. En su estancia en Detroit, quedó embarazada nuevamente. Los doctores no le daban un buen pronóstico, ya que después del accidente su pelvis había quedado demasiado frágil haciendo casi imposible que Kahlo pudiera ser madre.

El 4 de julio de 1931 Frida, contra toda su buena voluntad e

42

intentos por tener un embarazo satisfactorio, sufrió un aborto espontáneo dejándola devastada. Tuvo que pasar varios días en el Henry Ford Hospital donde pintaría uno de sus más desgarradores cuadros que llevaría el nombre del hospital donde convalecía.

"El cuadro muestra a la artista desnuda sobre una cama de hospital demasiado grande en relación con su cuerpo. La sábana blanca está empapada de sangre bajo su cuerpo. Sobre el vientre, todavía ligeramente hinchado por el embarazo, sostiene en su mano izquierda tres cuerdas rojas que parecen venas, a las que se enlazan seis objetos — símbolos de su sexualidad y del embarazo fracasado —. La cinta que remata sobre el vientre y la mancha de sangre, se convierte en un cordón umbilical, en cuyo extremo se halla un feto masculino híper-dimensional en posición embrionaria. Se trata del niño perdido en el aborto, el «pequeño Dieguito», al que había esperado llegar a parir." (Kettenmann, 1999) En 1932 Frida se sentía hastiada de los Estados Unidos y sentía una profunda añoranza por su México.

Antes de regresar a México Kahlo y Rivera pasaban una tempestad en su relación por su gran deseo de regresar y las ansias de Diego por seguir exploran-do la tierra americana. Diego había sido comisionado a pintar un mural central del 30 Rockefeller Plaza, pero fue suspendido por usar una imagen de Vladimir Lenin. El mural fue después destruido. "El que Rivera fuese eximido antes de tiempo de su contrato puede parecer una ironía del destino. Había dotado a la figura de un líder obrero de su fresco con los rasgos faciales de Lenin. De este modo cedió, en diciembre de 1933, a las presiones de Frida Kahlo y regresó con ella a México." (Kettenmann, 1999)

A su regreso a México la pareja Rivera Kahlo se mudó a una casa en San Ángel dividida por dos bloques, uno en el que vivía Frida y el otro donde vivía Diego. Ambos bloques se unían en la parte superior por un puente, que simbolizaban los dos mundos diferentes donde vivía cada uno. El puente representaba su amor.

La felicidad inundaba a Frida en su regreso a México. Lastimosamente esta felicidad se vio envenenada cuando su hermana menor Cristina Kahlo y su esposo Diego Rivera tuvieron un romance.

Devastada por dicho descubrimiento, Frida abandonó la casa en San Ángel para instalarse en el centro de la ciudad de México. Después de este incidente Kahlo declaró que en su vida había habido dos terribles accidentes, el del tranvía y Diego.

"A finales de 1935, cuando la relación entre Rivera y Cristina Kahlo había terminado, regresó Frida a San Ángel. Los espíritus se habían calmado, sin que ello implique que Rivera fuera a renunciar a partir de ahora a sus aventuras extramatrimoniales. También Frida Kahlo, por su parte, comenzó a cultivar relaciones con otros hombres y,

especialmente en los últimos años, también con mujeres."
(Kettenmann, 1999)

En 1936 Kahlo retomó sus actividades políticas, donde
simpatizó con la Liga Trotskista donde volvió a tener
contacto con Diego y juntos cooperaron en dar asilo a León
Trotski y a su esposa Natalia en México.

"El 9 de enero de 1937 arribaron Natalia Sedova y Trotski al
puerto de Tampico, donde fueron recibidos por Frida Kahlo.
La artista puso a su disposición la «Casa Azul» de la familia
Kahlo en Coyoacán, donde los Trotski habitaron hasta abril
de 1939. Las dos parejas pasaban muchas horas juntos, y
entre Trotski y Frida Kahlo surgió una corta historia amorosa
que terminó en julio de 1937." (Kettenmann, 1999)

André Breton, quien fue enviado a México por el Ministerio
de Asuntos Exteriores de Francia estableció contacto con
Kahlo, y al descubrir todas las pinturas que Kahlo había
pintado durante todos estos años tanto en México como en
Estados Unidos, logró organizar su propia exhibición en el
exterior.

"A principios de octubre de 1938, Frida Kahlo se dirige a los
Estados Unidos para preparar su exposición en la galería de
Julien Levy. En los dos años anteriores había trabajado
intensamente y tomado parte, por vez primera, en una
exposición colectiva." (Kettenmann, 1999).

Frida Kahlo no se clasificaba como surrealista, ya que ella pintaba su propia realidad. Sus cuadros jamás habían sido pintados pensando en un público por lo que no entendía el interés de algunas personas por sus obras.

En enero de 1939 Kahlo llegó a Paris, donde gracias a su popularidad en Estados Unidos formó parte de una exposición en conjunto donde se celebraba la mexicanidad. Frida no solo obtuvo popularidad por sus pinturas, sino también por su aspecto personal, que para los americanos y franceses era una exquisitez. A pesar del éxito de la exhibición fuera de México, lo que realmente deseaba era una exhibición en su patria.

A su regreso a México, la salud de Frida se deterioró de manera significativa y su reconciliación con Rivera se había hecho evidente al casarse con él por segunda vez. El matrimonio los mantenía unidos civilmente pero la pareja decidió tener una relación abierta.

"En 1942 comenzó a escribir un diario, una de las fuentes primordiales de su forma de pensar y sentir. Aquí no sólo comenta la artista los años cuarenta hasta su muerte, sino que también toda su niñez y juventud." (Kettenmann, 1999)

La salud de Frida Kahlo se había deteriorado tanto que pasada mucho tiempo en el hospital o en cama. La polio que la había atacado de niña le volvió a traer penas al gangrenarse, costándole la amputación de la pierna derecha.

"En 1953, la añorada exposición de Frida en su patria por fin se haría realidad. El día de la apertura de la exposición, el estado de salud de la artista era tan deplorable, que los médicos le prohibieron levantarse de la cama. Como, a pesar de ello, Frida Kahlo no quería perderse el evento, su cama fue instalada en la galería y ella misma se hizo transportar en ambulancia. Anestesiada por las drogas, desde su cama tomó parte en el festejo, bebió y cantó con innumerables visitantes. Estaba tan asombrada por el éxito de la exposición como la galerista, a la que incluso llegaron peticiones del extranjero solicitando informaciones sobre la artista. El gran éxito fue, sin embargo, ensombrecido por su enfermedad." (Kettenmann, 1999)

Después de la exposición, Frida tenía instrucciones estrictas de su doctor de guardar cama. Desobedeciendo sus órdenes Frida tomo un baño. Esa misma noche Frida le regalo a Diego un anillo conmemorando sus bodas de plata con 17 días de anticipación, argumentado que sentía que dejaría muy pronto. La noche del 13 de julio de 1954 Frida Kahlo murió, la causa, un Edema Pulmonar. La autopsia nunca se llevó acabo.

CAPÍTULO III

"Ahora que hubiera dado la vida por ayudarte, resulta que son otras las 'salvadoras'... Pagaré lo que debo con pintura, y después aunque trague yo caca, haré exactamente lo que me dé la gana y a la hora que quiera... Lo único que te pido es que no me engañes en nada, ya no hay razón, escríbeme cada vez que puedas, procura no trabajar demasiado ahora que comiences el fresco, cuídate muchísimo tus ojitos, no vivas solito para que haya alguien que te cuide, y hagas lo que hagas, pase lo que pase, siempre te adorará tu Frida".

Carta de Frida Kahlo a Diego Rivera 11 de junio de 1940.

Para adentrarse a la obra de Frida Kahlo, una vez hecho el recuento de algunos hitos de su vida, es pertinente presentar las siguientes citas:

Los autorretratos autobiográficos de Frida Kahlo ofrecen un vehículo para la visión crítica de un contexto social/histórico el cual Kahlo negocia un rol entre artista y esposa (Lindauer,1999, p. 13).

Kahlo usaba el dolor físico, la desnudez y la sexualidad en sus autorretratos, no en su totalidad, para documentar su trauma corporal y emocional, pero también para expresar que sentía dolor" (Lindauer, 1999, p. 45).

Como se ha podido observar, cada evento significativo en la vida de Kahlo ha culminado en una pintura, deduciendo así que son estos eventos significativos "el encuentro con lo celestial y transcendental" que Benjamin identifica como el precursor de la creación del arte. Si se examina este hecho con más precisión, se puede entender que "el encuentro con lo celestial y lo transcendental" para Frida Kahlo era el encuentro con el dolor, no solo físico, sino también emocional. El dolor ha sido su encuentro trascendental y su precursor para crear arte.

El aura en los retratos de Kahlo están plasmados en los significantes que representan un dolor tan fuerte y profundo que, en este caso, no hay forma de medirlo, percibirlo y cuantificarlo; sino que la única forma de mostrarlo es pintarlo:

"Según Herrera, biógrafa de Kahlo, el pintar era lo único que le aliviaba el dolor" (Lindauer, 1999, p. 45).

En el arte de Frida Kahlo predominaban, por su condición física, los autorretratos. Su cama poseía un toldo y un espejo, convirtiéndose ella misma en su musa.

Se puede ver que muchos de sus autorretratos están sobrepuestos a un fondo vasto o de fríos colores que representan su soledad. Cuando hay en los mismos la presencia de animales, se puede apreciar como la pintora trata de reconfortar sus penas como lo haría un niño con un oso de peluche.

El resto de sus pinturas, especialmente las que son en primer plano, vienen acompañadoras de muchas figuras simbólicas. Los autorretratos de tamaño entero representan eventos reales de su vida: su relación con Diego Rivera, su esposo, su condición física y las secuelas que le dejó el accidente, su incapacidad de tener hijos, como también su filosofía sobre la naturaleza, la vida y el mundo.

Las pinturas de Frida, desde el principio, tuvieron una característica especial, ya que desde que superó a la muerte después del accidente, redescubrió su mundo y su imagen de una manera más consiente gracias a su condición:

La fotógrafa Lola Álvarez Bravo observó que la artista había encontrado una nueva vida a través de la pintura, y que el accidente había resultado en una especia de renacimiento. Los autorretratos le dieron a Frida una plataforma para poder describir a su persona. El recrearse a sí misma en una construcción visual y en su arte le permitió formar su propia identidad. En la mayoría de sus obras, se puede ver que su rostro está pintado de tal manera que parece una máscara, de la cual es muy difícil extraer un sentimiento o una emoción.

Acorde a Margaret A. Lindauer, "los autorretratos autobiográficos de Frida Kahlo ofrecen un vehículo para la visión crítica de un contexto social/histórico en el cual Kahlo negocia un rol entre artista y esposa" (1999, p. 32).

En otras palabras, el contenido del contexto social e histórico que los cuadros cargan como significantes son prueba de que entre la artista y el cuadro ha existidito una transcendentalidad, confirmando así la existencia del aura en términos de Benjamin.

"Para poder expresar sus sentimientos Frida desarrollo su propio lenguaje pictórico, en el cual empleaba su propio vocabulario y sintaxis" (Kettenmann, 1999, p. 20).

Por lo tanto, todos los cuadros realizados en su vida eran únicos y se podían decodificar entendiendo el contexto histórico y la vida misma de Frida. Los cuadros no eran un adorno que cumplían los cánones de la época para complacer al ojo humano, más bien eran una expresión total de sentimiento y situaciones.

Las emociones y el mensaje que lleva la obra de Frida se pueden analizar a través de la decodificación de los símbolos que acompañan su pintura. Su mensaje no es hermético: su trabajo debe ser visualizado como la suma metafórica de sus preocupaciones y experiencias. Las imágenes que adornan y dan forma a sus pinturas vienen directamente de la cultura popular mexicana y la cultura pre-colombina.

El estilo único de Kahlo ha ido evolucionando durante su carrera. Al principio se pueden encontrar adaptaciones de formas tradicionales de arte en algunos de los cuadros de Frida, por ejemplo, algunos con características de los retablos, mostrando o simulando pinturas de santos cristianos, que son parte de la creencia popular mexicana. Al respecto, Lindauer señala: "El sufrimiento creó su iconografía" (1999,p. 20).

A pesar de que muchos de sus trabajos contienen figuras surrealistas y fantásticas, su obra no puede ser catalogada como surrealista, porque en sus cuadros ella no se ha liberado totalmente de su realidad.

Sus mensajes no son impenetrables ni ilógicos, los hechos y la ficción se funden con la cultura mexicana en las obras de Kahlo y todos juntos crean la realidad de la pintora.

Volviendo a la explicación de la evolución del arte de Kahlo, "los primeros autorretratos de Frida, Autorretrato Con Vestido de Terciopelo de 1926, y los primeros cuadros de amigos y familia- res todavía tienen una característica Europea que influenció a los artistas que hacían retratos en el siglo XIX" (Kettenmann, 1999, p. 20).

En este cuadro observamos a una Frida con las cejas unidas pero exhibiendo su belleza. La ausencia de los bigotes, las trenzas y la cruda demostración del dolor muestran a una Frida elegante, con un cuello alongado como un cisne, mostrando delicadas manos. Estos primeros cuadros se diferencian mucho de los que se vieron después en su carrera, los cuales se ven empapados de mucho mexicanismo y conciencia nacional mexicana.

¿Se puede representar a México del siglo XX a través de los cuadros de Frida Kahlo? ¿Se puede representar a Frida Kahlo a través del México del siglo XX? ¿Es esta relación sustancial y el uno define al otro? Mucha de la esencia y los significantes del arte de Kahlo vienen de la historia y contexto político/histórico en el que ella se encontraba.

"Autorretrato con traje de terciopelo"
En 1929, se puede ver el gran cambio en la forma de Frida Kahlo de representarse a sí misma con su segundo autorretrato "El tiempo vuela". En su primer autorretrato, "Autorretrato con el vestido de terciopelo" de 1926, se puede notar el interés de la artista por usar características renacentistas italianas, mostrándose de una forma aristocrática, con la mirada perdida, posando melancólica y con un cuello más alongado de lo normal, en el estilo de Amedeo Modigliani.

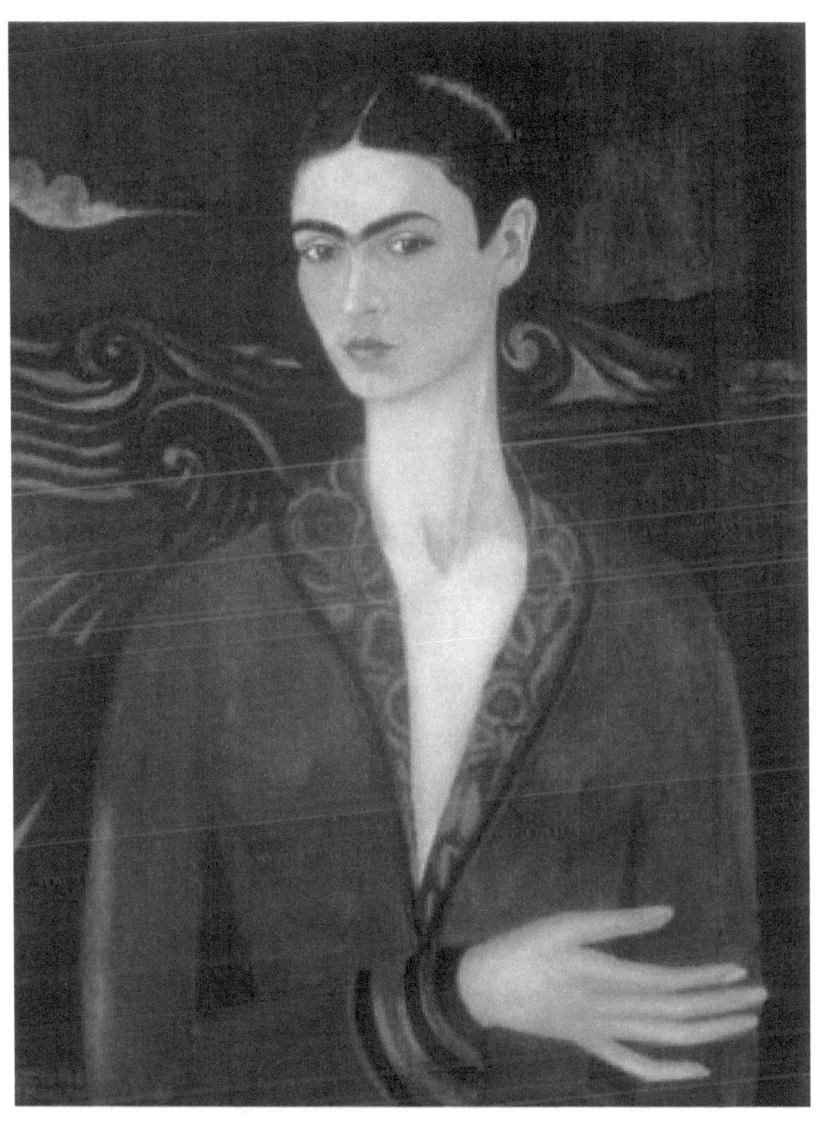

Figura 1 - "Autorretrato con traje de terciopelo"
Fuente: Kettenmann, 1999, p. 6

En el segundo autorretrato, resalta la mirada frontal en un rostro con mejillas rojas, la figura está mirando con firmeza al espectador del cuadro y con una expresión determinada. En este cuadro, se ve cómo las cortinas están abiertas con un cordón azul, para reflejar en la parte trasera un cielo amplio, en el que se distingue un avión, y en el hombro de Frida hay un reloj de alarma de metal. Ambos elementos dejan entender el

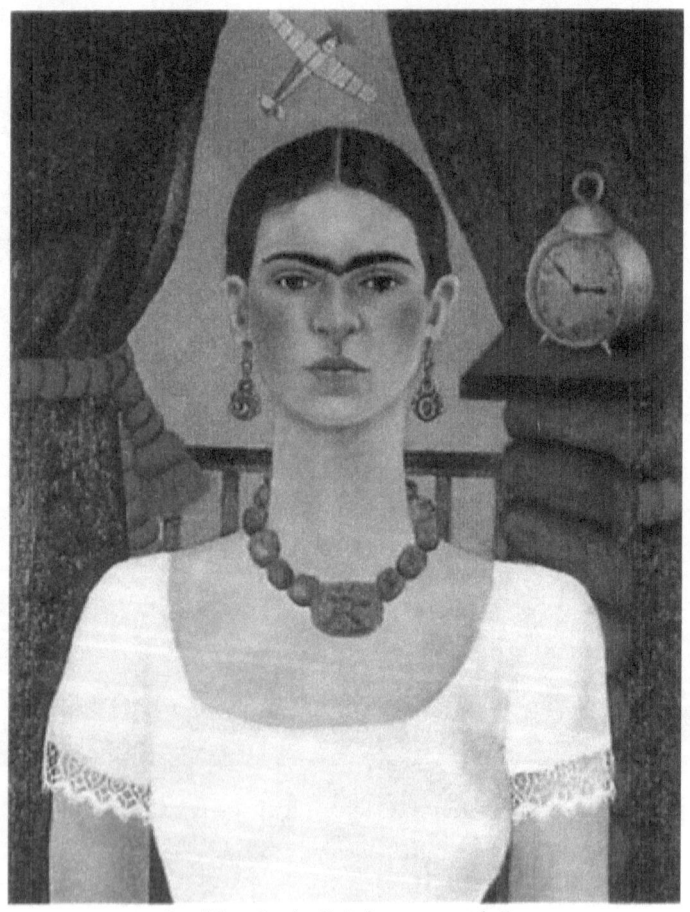

significado de "el tiempo vuela"

Figura 2 - "El tiempo vuela"

Fuente: Kettenmann, 1999, p. 28

"Niño mío de La Gran Ocultadora (...) Jamás en toda la vida olvidaré tu presencia. Me acogiste destrozada y me devolviste entera, íntegra. ¿En esta pequeña tierra dónde pondré la mirada?" Carta de Frida Kahlo a Diego Rivera.

La gran historia de amor entre estos dos personajes conoció su primera unión matrimonial el 21 de agosto de 1929. La influencia del muralista se ve reflejada en los trabajos posteriores de la pintora, ya que Diego y ella eran ahora parte del movimiento independiente de arte mexicano. El mexicanismo de Diego se ve representado en su trabajo, porque su pintura era patrocinada por el Estado Mexicano y servía como herramienta para educar a la población iletrada.

En este periodo en México se podía ver, no solo en el trabajo de Frida, sino también en el trabajo de Diego Rivera y de David Siqueiros Orozco, cómo los elementos del folklore estaban siendo incorporados en el "fine art". Frida, en detalles como su vestimenta, aretes coloniales y collares pre-coloniales mostraba características pre-colombinas y coloniales. De este modo, en su arte mostraba y reconocía sus raíces mexicanas y se declaraba una mestiza, una verdadera mexicana que tenía una mezcla de sangre india y española.

Su trabajo era una muestra de su conciencia nacional, usando predominantemente los colores blanco, verde y rojo, los colores de la bandera mexicana. Andrea Kettenmann cita al propio Rivera para explicar este aspecto de la pintura de la mexicana:

Haciendo referencia al Mexicanismo en el arte de Frida Kahlo, Diego Rivero declaró que: "Diferentes críticos de distintos países han descrito las pinturas de Frida Kahlo como las más potentes y las más mexicanas hoy en día. Estoy completamente de acuerdo con ellos" (Kettenmann, 1999, p. 26).

Del arte popular, Frida obtuvo su paleta y muchos de sus motifs, como el Judas en forma de calavera que la acompañó en algunos de sus cuadros. Obtuvo varios elementos de los artistas amateur así como de la cultura precolombina mexicana. Muchos de los artefactos del arte popular de la época formaban parte de la casa Kahlo-Rivera, siendo inspiración y decoración, como los muebles rústicos, objetos pintados con laca, máscaras, un judas de papel mache, entre otros (Kettenmann, 1999).

En los cuadros de Frida, se puede notar que viste ropa simple, poco sofisticada o vestimenta indígena, mostrando así como ella misma se identifica con la comunidad indígena y con su propia identidad nacional: "En algún periodo de mi vida me vestí como hombre, con el cabello corto, usé pantalones, botas y chaquetas de cuero, pero cuando iba a visitar a Diego usaba atuendos típicos de Tehuana" (Kahlo citada en Kettenmann, 1999, p. 23).

La artista quería representarse a sí misma como una mujer única, irreverente e independiente usando ropa de hombre, pero el atuendo de tehuana era su favorito después de casarse con Rivera. En la región de Tehuantepec, en el sureste de México, la tradición matriarcal es la que predomina hasta la fecha y su estructura económica refleja la dominación de la mujer. Es por eso que este atuendo tuvo mucho impacto en México en los años 20 y 30, se podía ver cómo este atuendo fue adoptado por muchas mujeres educadas en México (Kettenmann, 1999).

Este atuendo representa el espíritu del nacionalismo y el nuevo interés por la cultura indígena en México. Diego Rivera veía en Frida Kahlo (quien usaba los atuendos de tehuana) la personificación de toda la gloria nacional. Era con la misma ideología que Frida elegía los elementos y los fondos que la acompañarían en sus autorretratos. Frida también usaba elementos de la fauna y flora mexicana en sus obras, como venados, papalotes, rocas volcánicas, monos y perros Itzcuintli, entre otros, para que la acompañaran en su soledad.

En noviembre de 1930, Kahlo y Rivera se mudaron a los Estados Unidos por un periodo de cuatro años, gracias a comisiones de trabajo que obtuvo Diego. En este periodo, Frida pasó la mayor parte de su estadía pintando en su caballete, pero todavía no se atrevía a lanzarse como artista ella misma.

Henry Ford Hospital

En su estadía en este país, Frida pintó algunos de sus cuadros más duros. Durante un aborto que sufrió en 1932 en Detroit por la condición precaria que tenía su cadera, producto de su accidente, Kahlo pintó "Henry Ford Hospital".

Es este cuadro se puede ver a una Frida echada en una cama, que en términos proporcionales es mucho más grande que ella. Tiene el abdomen todavía abultado resultado de su embarazo perdido y la sábana blanca está manchada de sangre. En su mano sostiene tres arterias con forma de cinta de seda que se extienden hacia arriba y abajo, en los extremos de cada cinta se sujeta un objeto

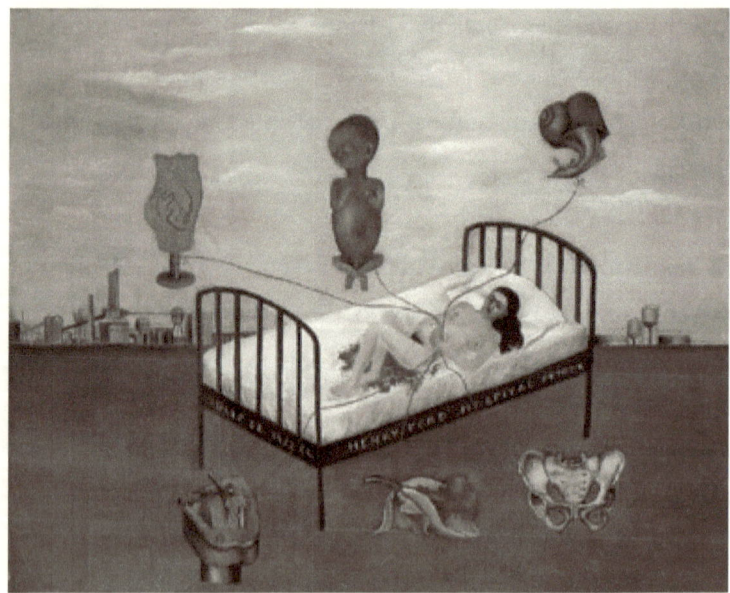

Figura 3 - "Henry Ford Hospital"
Fuente: Kettenmann, 1999, p. 37

(Hay seis objetos en total), los cuales pueden identificarse como símbolos de su sexualidad y su embarazo fallido. La arteria de seda que sale de la mancha de sangre debajo de su pelvis se con- vierte en un cordón umbilical que desemboca en un feto.

La pelvis que está en la parte inferior de la pintura indica una de las razones por la que se produjo el aborto, huesos pélvicos rotos. La herramienta metálica que se muestra también es un símbolo de su estadía en los hospitales. Esta herramienta se usaba para regular la presión de oxígeno en los galones de gas. La orquídea en la parte inferior de la pintura fue un regalo de Rivera, que representa emociones y sexualidad. La pequeña figura de Kahlo en la cama que es considerablemente más grande que ella y el paisaje industrial que se aprecia en la parte posterior son símbolos de la desolación y la soledad que sentía la pintora en su estadía en el hospital, provocada por la pérdida de su niño.

La pintura no pretende ser realista, ya que se pueden ver objetos extraídos de su ambiente natural para ser llevados a formar un conjunto; para la artista es más importante poder mostrar una emoción que una figura real parecida a una fotografía. La extracción y reasignación de elementos y su significado en esta pintura, así como el estilo y el tamaño, muestran características que relacionan este cuadro con la pintura exvoto. Como la mayoría de la pintura votiva del siglo XIX y XX, Henry Ford Hospital es una obra ejecutada en óleo sobre metal en una escala pequeña. A diferencia de la pintura exvoto donde se ven santos en la parte superior envueltos en una nube celestial, en este cuadro este elemento es reemplazado por los elementos flotantes y su significación.

Estos elementos extraídos de la pintura de voto también se pueden ver en otros cuadros de Kahlo, donde se mezclan hechos biográficos y elementos fantásticos. Frida pintaba su realidad no como era vista por el ojo humano, sino más bien como ella la percibía.

"Autorretrato en la frontera entre México y Estados Unidos" y "Mi vestido cuelga"
Después del aborto y dado que Frida y Rivera ya habían estado en los Estados Unidos casi tres años, ella sentía la necesidad de volver a su país. Estos sentimientos los plasmó en su obra "Autorretrato en la frontera de México y los Estados Unidos" de 1932. En esta obra se ve a Frida vestida con un vestido elegante, con guantes de gaza blancos, parada en medio de ambos países. En la izquierda, se distingue un México antiguo, poblado y reinado por las fuerzas de la naturaleza. A la derecha, se aprecia el paisaje muerto de los Estados Unidos regido por la tecnología. A pesar de su admiración por los progresos industriales, Frida no estaba cómoda en Estados Unidos.

En una carta a un amigo expresó su desconformidad y contaba como las personas "gringas" tenían caras que parecían "pan sin hornear".

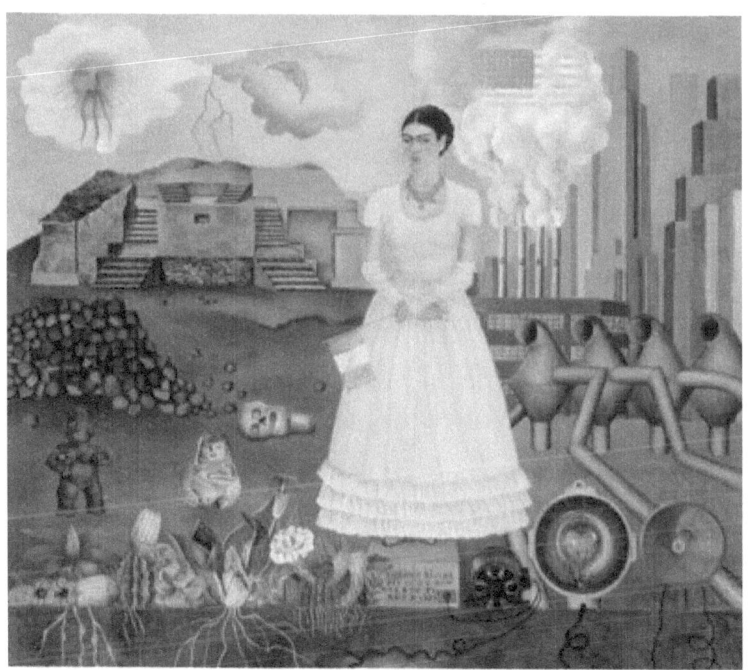

Figura 4 - "Autorretrato en la frontera entre México y Estados Unidos"

Fuente: Kettenmann, 1999, p. 33

En una carta a su amigo el Dr. Eleosser, Frida expresó:
La alta sociedad [estadounidense] no me gusta, y siento mucha rabia hacia los ricos de aquí. Como yo he visto a miles de personas en la más terrible miseria y sin tener que comer o un lugar donde dormir, es lo que más me impresiona aquí, el ver como las personas ricas tienen fiestas y fiestas, día y noche mientras hay otros miles que se están muriendo de hambre... A pesar de que estoy muy interesada en los avances mecánicos e industriales en este país, puedo sentir que a los americanos les falta sensibilidad y buen gusto. Parece que vivieran en un gallinero sucio e incómodo. Sus casas parecen hornos de pan y toda esa comodidad de la que hablan es un

mito (Kahlo citada en Kettenmann, 1999, p. 36).

En esta carta se puede ver cómo Frida no se siente cómoda con la forma de vida en "Gringolandia" ni con la gente que conforma esta sociedad. Esta disconformidad viene de sus raíces políticas, ya que fue parte y miembro activo del partido comunista. Esta característica forma gran parte de la construcción de su persona y de la influencia y significación que se le puede dar a su arte.

Frida admiraba los progresos de la tecnología americana, pero también tenía en cuenta las desventajas que esta representaba en su cuadro "Autorretrato entre la frontera de México y los Estados Unidos" de 1932. Usó colores grises y azules para demostrar la infertilidad y muerte que este territorio representaba para ella, mientras que en el lado mexicano usó colores de tierra que representan fertilidad y abundancia.

Otras de los grandes contrastes que se pueden ver entre ambos lados de la pintura es que la industrialización y la tecnología representan esterilidad mientras que la tierra presente en los ídolos de barro hechos a mano representa la creación de la vida en sí. Ambos paisajes están ligados por las raíces que se ven saliendo de las fabricas industriales, que van directo a los dioses aztecas en el lado mexicano, absorbiendo su energía/vida. En la pintura también se puede notar cómo Frida recibe energía de ambas partes, simbolizando su lealtad a su país y sus ansias de regresar a casa. En otro nivel, se puede interpretar que Frida Kahlo es la

Personificación de México, mostrando la dualidad del progreso tecnológico y cómo este ha afectado a ambos países.

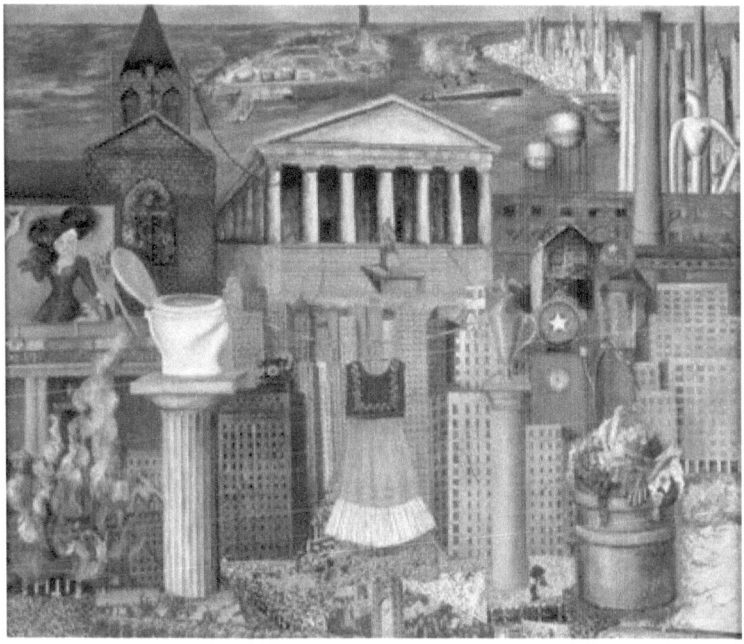

Figura 5 - "Mi vestido cuelga"
Fuente: Kettenmann, 1999, p. 34

Los códigos empleados en este autorretrato, a pesar de haber sido estudiados y reconocidos por mucha gente muchos años más tarde, solo pueden ser codificados por la autora, ya que es ella misma quien los ha creado para responder a una necesidad propia: poder darle una válvula de escape a su ansiedad y angustia al ver cómo era la vida en los Estados Unidos.

Dado el contexto, en algunos cuadros de Frida resalta el significa- do político. En el autorretrato analizado, se nota la desconformidad de la artista hacia la industrialización de los Estados Unidos. Se puede ver como el paisaje que representa a este país es árido, entre el humo de sus fábricas flamea la bandera estadounidense y las raíces de estas fábricas están absorbiendo la vida bajo sus pies de su tierra México.

El hecho de que Frida Kahlo tenga la mirada volcada hacia la izquierda, que es la porción del autorretrato donde se encuentra la parte "mexicana", hace referencia a que ella psicológicamente le está dando la espalda a la parte estadounidense.

Más tarde en su estadía en los Estados Unidos, Frida volvió a demostrar su incomodidad en ese país en su obra "Mi vestido cuelga", que luego terminó en México. Este es el único collage en su repertorio y representa un retrato irónico del capitalismo americano. Lleno de símbolos de la sociedad industrial americana, muestra la decadencia de la sociedad y la extinción de los valores humanos.

Unos cuantos piquetitos
En 1935 un hombre descubrió que su mujer le había sido infiel. Borracho, la apuñaló 44 veces para después declarar a las autoridades que solo fueron "unos cuantos piquetitos". Le comisionaron a Frida pintar un cuadro, representando los hechos para el periódico. Este cuadro fue la representación gráfica de un feminicidio, donde se puede ver a una mujer

con varios cortes en el cuerpo, echada en una cama, con su verdugo a su lado todavía sosteniendo el cuchillo. Este cuadro estuvo inspirado en un reporte policial. (Lindauer, 1999).

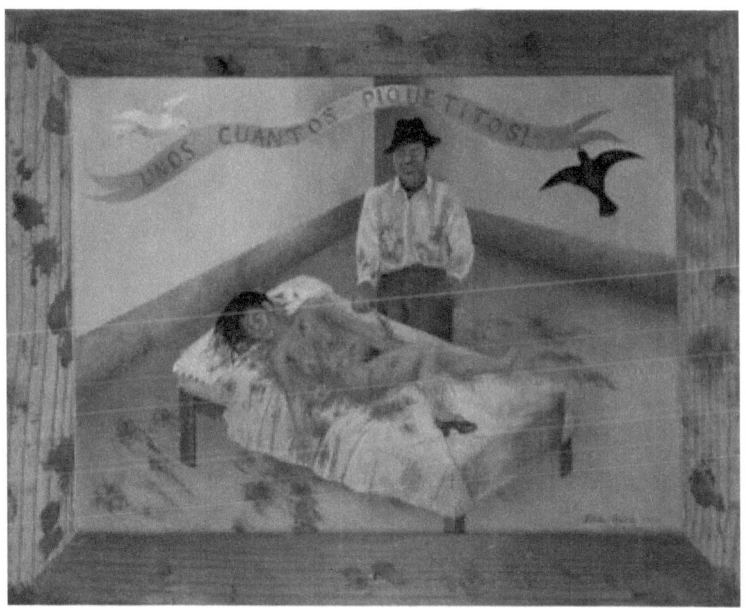

Figura 6 - "Unos cuantos piquetitos"
Fuente: Kettenmann, 1999, p. 39

Según Margaret A. Lindauer, Hayden Herrera sugiere que "Unos Cuantos Piquetitos" fue producido como respuesta al amorío de Rivera y la hermana de Kahlo, Cristina. En este cuadro se puede ver cómo Frida representa su propia furia: "Kahlo decide demostrar su propia furia contra Rivera revirtiendo los roles de género, para que, en la pintura, el hombre represente la furia de Frida, y la mujer el objeto de su furia" (Lindauer, 1999, p. 30).

Este cuadro también representa el inmenso dolor que Frida sentía a su regreso a México de "Gringolandia". Para esta etapa, Frida había abandonado la casa en San Ángel donde vivía con Diego y había tomado un departamento en el centro de la Ciudad de México, ya que estaba cansada de los múltiples amoríos de su marido y de que en una ocasión se haya liado sexualmente con su hermana Cristina, quien había posado para Diego en dos ocasiones.

En este cuadro en particular se puede apreciar como Frida de alguna forma refleja su dolor, causado por un hombre, un dolor tan fuerte que pasa de ser emocional y espiritual a convertirse, metafóricamente, en físico, para después dejarla con un cuerpo sin vida. El hecho de que Frida haya usado el asesinato de otra mujer para reflejar su propio dolor nos muestra que con esto quiere representar el dolor de todas las mujeres que son violentadas de alguna forma u otra por sus parejas.

Al final de 1935, después de un viaje a Nueva York, Frida regresa a la casa de San Ángel, ya que la relación entre Diego y su hermana Cristina había terminado. A pesar de su retorno a la casa donde vivía con Diego, Frida no había olvidado el dolor que esta situación le había causado y empezó a tener sus propios amoríos con hombres y mujeres (Kettenmann, 1999). Es importante hacer notar la bisexualidad de la artista, ya que más adelante esta representaría en la dualidad que existía en ella misma entre su lado masculino y femenino. Esta dualidad se ve más tarde reflejada en sus pinturas.

En 1936 Frida retoma sus actividades políticas y funda, con la ayuda de algunos colegas, un comité de ayuda solidaria para los demócratas afectados en la Guerra Civil Española. Estas actividades políticas hicieron que ella y Diego volvieran a tener una relación íntima y cercana (Kettenmann, 1999).

Autorretrato dedicado a León Trotsky

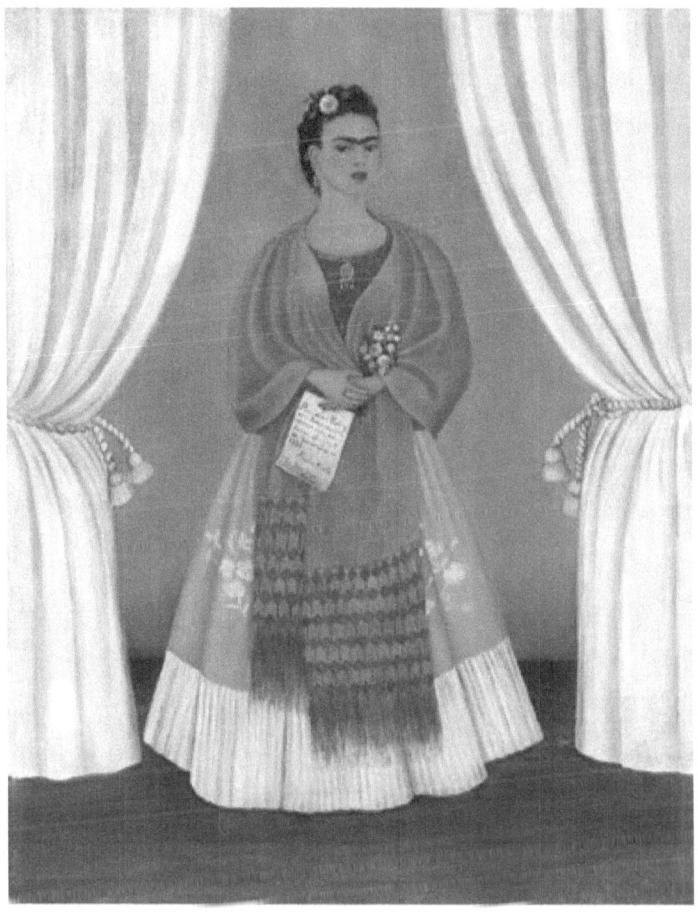

Figura 7 - "Autorretrato dedicado a León Trotsky"
Fuente: Kettenmann, 1999, p. 40

En enero de 1937, León Trotsky y su esposa Natalia Sedova llegan a México, su asilo político fue otorgado por el presidente Cárdenas gracias a la persuasión de Diego Rivera. La pareja se quedó en la casa de Kahlo en Coyoacán (mejor conocida como la "Casa Azul") mientras Frida y Diego vivían en su casa en San Ángel. Ambos, Trotsky y Sedova, permanecieron en México por un periodo de aproximadamente dos años, durante los cuales ambas parejas solían socializar frecuentemente con otros artistas y figuras políticas. Se dice que Sedova y Kahlo no conversaban, ya que Sedova no hablaba español.

Sedova y Trotsky se separaron por algunas semanas en julio de 1937, para cuando el romance entre Frida y León Trotsky había terminado. Él le pidió a Kahlo que destruyera todas las cartas que comprobaran que dicho romance había existido, no solo para proteger a su esposa Natalia, sino también para protegerse de Diego. "Kahlo oprimida por su discreción pragmática y por miedo al temperamento de Rivera, destruyó toda evidencia del romance. Solo quedo el cuadro, el que constituye el único testimonio tangible de la breve relación" (Lindauer, 1999, p. 25).

El cuadro mencionado tiene una inscripción que dice "Para León Trotsky, con todo cariño, dedico esta pintura". El cuadro mostraba a una Frida prolija y elegante, mostrando colores vivos y frescos. André Breton describió la obra de la siguiente manera:

Tengo una profunda admiración por el cuadro de Frida Kahlo de Rivera que cuelga en las paredes del estudio de Trotsky. (Frida) se ve envuelta en una mantilla que forma alas de mariposa. Podemos apreciar unas cortinas blancas abiertas de en la parte de atrás que representan la calma mental que está viviendo. Somos realmente privilegiados de poder ser partícipes y testigos de este cuadro, que muestra como una mujer con todas las artes de la seducción entra a un cuarto (Breton citado en Kettenmann, 1999, p. 41).

Fue André Breton quien, en su visita a México en 1938, describió a México como la representación del surrealismo al igual que el trabajo de Frida Kahlo. Fue también gracias a él que Frida consiguió su primera y propia exhibición de arte en el extranjero ese mismo año (Kettenmann, 1999).

Después de dicha exhibición fue que se notó la diferencia entre el trabajo de Kahlo y el surrealismo en sí. Esta apreciación fue hecha por Bertram D. Wolfe, quien en un artículo publicado en la revista "Vogue" dijo lo siguiente:

A pesar de que André Breton [...] le dijo que era surrealista, su arte y su estilo no tenían características propias de esa escuela [...]. Libre de los símbolos Freudianos que caracterizan a la es- cuela surrealista, su arte tiene un surrealismo ingenuo, que ella se lo invento para sí misma [...]. Mientras que el surrealismo oficial se basa en imágenes extraídas de sueños, pesadillas y símbolos neuróticos, en el arte de madame Rivera vemos una especie de astucia y humor predominante (Bertram citado en Kettenmann, 1999, p. 41).

En una carta de Frida Kahlo a un amigo, se puede apreciar la sorpresa que le causa el interés de otros por su obra:

Para mi sorpresa, Julien Levy me escribió una carta diciéndome que alguien le había hablado de mis pinturas y que él estaba muy entusiasmado en tener una exhibición en su galería con mis pinturas. Le respondí mandándole unas fotos de mis últimas pin- turas, él me envió otra carta pidiéndome que hagamos una ex- posición con 30 de mis cuadros en octubre de este año [...]. No entiendo que ven en mi trabajo. ¿Por qué me quieren a mí para una exhibición? (Kahlo citada en Kettenmann, 1999, p. 45).

En octubre de 1938, Frida viajó a los Estados Unidos para preparar su propia exhibición en la galería de Julien Levy. Frida había estado trabajando arduamente durante dos años en sus pinturas y había sido parte de varias exhibiciones en conjunto con otros artistas en México. Sin importar la depresión económica que so- metía a los Estados Unidos, 25 de los 30 cuadros de la exhibición fueron vendidos.

Es así como se puede notar que Frida Kahlo no comenzó a pintar porque quería ser una artista reconocida, sus pinturas nacieron de alguna forma del aburrimiento en el que la dejó su accidente y las múltiples facturas de doctores y hospitales. Tras la evolución de su persona, sus convicciones y su estado físico y mental, Frida se consolida como una artista con características propias.

Frida pintaba para poder expresar los múltiples sentimientos y sensaciones que se apoderaban de ella, muchas veces luminosos, muchas veces oscuros, por lo que podemos entender que la función de su pintura y de su arte era satisfacer una necesidad que ella tenía y que solo ella comprendía. Algunos cuadros tenían dedicatoria y fueron creados para ser regalados a ciertos personajes que marcaron la vida de Kahlo, pero en su gran mayoría su pintura existía y cumplía una función íntima. Ella usaba la pintura como la más íntima válvula de escape. Jamás tuvo la intención de pintar un cuadro surrealista, si bien este era el género que más se asemejaba a su estilo y es por eso que algunos la llamaban surrealista, en el fondo Frida pintaba para sí, para poder componer piezas de un mundo que solo ella conocía y que ella misma graficaba para ella.

Es por esta razón que Frida no entendía por qué la invitaban a hacer su propia exhibición ni tampoco por qué otra gente ajena a ella encontraba belleza en sus cuadros, si estos contenían símbolos que solo tenían significado y belleza para ella misma:

Como Frida Kahlo no pintaba con un público en mente, no entendía por qué existía un interés tan grande por su trabajo. Su sorpresa fue grande cuando el actor Edward G. Robinson compró varias pinturas el verano siguiente. "Mantuve ocultos

28 cuadros. Mientras estábamos en la terraza con el señor Robinson, Diego le mostró algunos de mis cuadros. El compró cuatro a doscientos dólares cada uno. De esta forma voy a poder ser libre, voy a poder viajar y ser libre sin tener la necesidad de pedirle a Diego dinero" (Kettenmann,1999,p.45).

Frida Kahlo jamás pintó con la intención de vender sus cuadros y esos beneficios que menciona la artista no son las razones por los que estos existieron. Una vez más Frida Kahlo por coincidencias de la vida encontró la forma de vender algunos cuadros para poder vivir más libre y poder emanciparse económicamente de Rivera. El hecho de que Frida vendiera algunos cuadros no era lo que la motivaba a pintar y el hecho de que sólo existía un cuadro único nacido después de una experiencia transcendental en su vida (como el cuadro titulado "Hospital Henry Ford") es muestra de que el aura, en términos de Benjamin, en cada una de estas obras seguía intacta.

El suicidio de Dorothy Hale
La popularidad de Frida Kahlo en Estados Unidos fue aumentando y las comisiones para su pintura también. Clare Boothe Luce vio una exhibición de Kahlo en los Estados Unidos y tuvo la oportunidad de conocer a la artista. Ambas habían conocido a la actriz Dorothy Hale, quien en octubre de 1938 se suicidó, lanzándose de la ventana de un alto edificio. En la conversación entre Kahlo y Boothe Luce surgió la idea de que Frida pintara un recuerdo para Hale.

Frida Kahlo usó la documentación que rodeaba la muerte de Dorothy Hale, para así lograr representarla en una pintura que tendría de alguna forma características de las pinturas exvoto. Plasmó la caída de Hale en varias etapas, comenzando desde el edificio para luego mostrar el cuerpo ensangrentado encima de una tarima muy parecida a la de un escenario. En la parte inferior del cuadro, Frida escribió: "En la ciudad de Nueva York el día 21 del mes de octubre de 1938, a las seis de la mañana se suicidó la señora Dorothy Hale tirándose

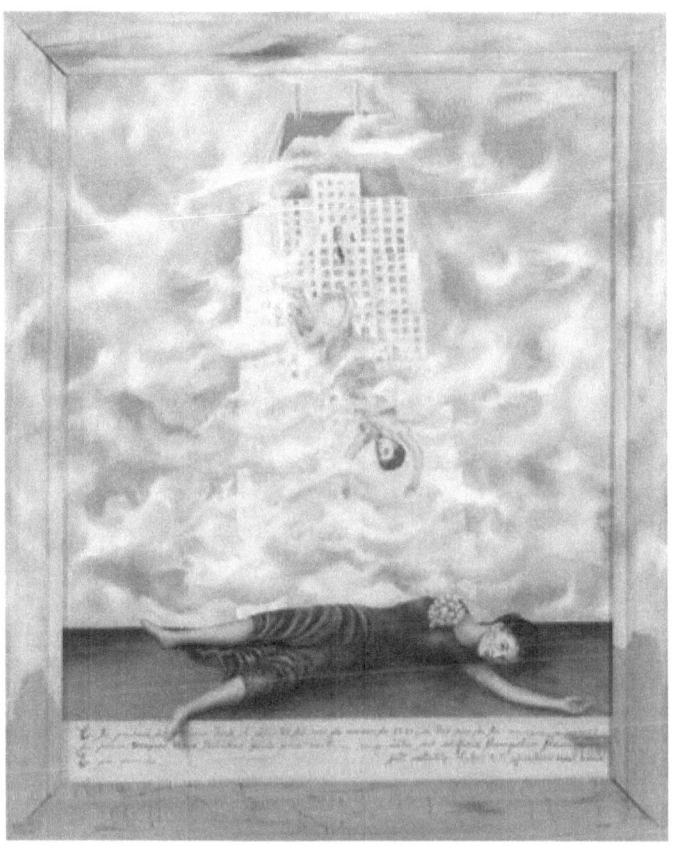

Figura 8 - "El suicidio de Dorothy Hayle"
Fuente: Kettenmann, 1999, p. 50

74

Desde una ventana muy alta del edificio Hampshire House. En su memoria este retablo habiéndolo ejecutado Frida Kahlo".

Mucho después la editora de la revista "Vanity Fair", Clare Boothe Luce, declaró: "Jamás hubiera requerido que se haga una pintura tan sangrienta de mi peor enemigo, mucho menos de mi querida amiga [Dorothy Hale]" (Kettenman, 1999, p. 51).

En enero de 1939, Frida partió hacia París. Después de su gran desagrado por la poca organización que André Breton tenía para exhibir sus obras, Frida terminó odiando Francia. Decía que los franceses le parecían demasiado "intelectuales y la verdadera razón de su visita a París fue para ser testigo de la decadencia de Europa. Frida también decía que era demasiado difícil ser una mujer pintora en Francia y por eso canceló una de sus exhibiciones en dicha ciudad (Kettenman, 1999).

A pesar de la poca suerte que Frida tuvo en este periodo, su autorretrato "El Marco" fue el primer cuadro de un artista mexicano del siglo XX en ser comprado por Louvre. Este cuadro pertenece a la nación francesa desde entonces. Este mismo fue reproducido a color para la revista "Vogue" durante su exhibición en Nueva York, y la gran modista Esla Schiaparelli se inspiró en la imagen de Frida y en sus

coloridos atuendos para crear "La bata Madame Rivera".
Tanto su trabajo su persona recibieron bastante publicidad
durante su estadía.

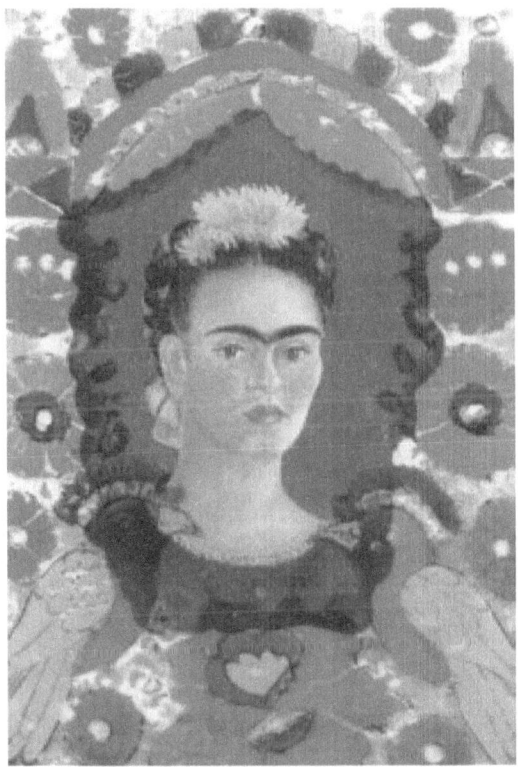

Figura 9 - "El Marco"
Fuente: Kettenmann, 1999, p. 30

Después de su exhibición en Francia, Frida regresó a México
y no a la casa de San Ángel que compartía con Rivera, sino a
la casa de sus padres en Coyoacán y emitió una demanda de
divorcio, el cual se le fue concedido el 6 de noviembre de
1939.

Las dos Fridas

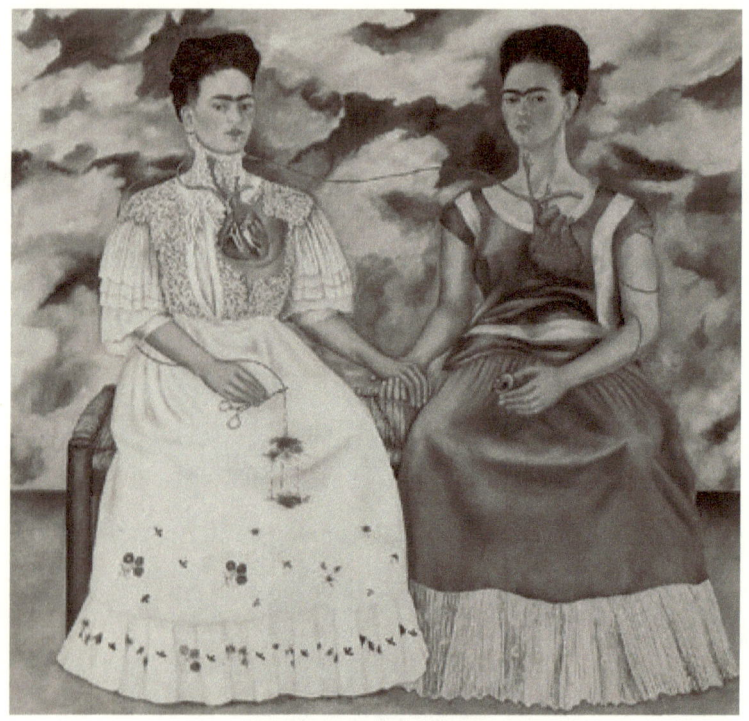

Figura 10 - "Las dos Fridas"
Fuente: Kettenmann, 1999, p. 53

Uno de los cuadros más emblemáticos e icónicos de Frida
Kahlo, "Las dos Fridas", fue creado después de su divorcio.
Este representa la exuberancia de todo el dolor que se le fue
provocado en el divorcio y previo al mismo. La parte que
Diego amaba de ella en la pintura se puede ver a la derecha,
una Frida con un traje de tehuana con el corazón afuera y que
sostiene un minúsculo cuadro de Diego Rivera de niño, este
cuadro está conectado a su corazón por una arteria. El
pequeño cuadro que sostiene en su mano fue después

encontrado entre sus cosas después de su muerte y está ahora en exhibición en el Museo Frida Kahlo.

En la pintura analizado, al lado izquierdo, está la Frida alter ego. Una Frida distinta, más elegante, vestida con un extravagante vestido blanco de gaza, representando en sí misma un look más europeo que indígena-mexicano. Ambas Fridas tienen el corazón expuesto y están conectadas la una a la otra por una fina arteria. El final opuesto de cada arteria está separado el uno del otro. A comparación de la Frida mexicana, esta Frida más europea tiene una hemorragia al final de su arteria, esta está siendo ligeramente retenida por una tijera quirúrgica, pero da la impresión de que ella está en peligro de morir desangrada.

La idea de este divorcio no nació de Kahlo misma, sino que fue Rivera quien con gran entusiasmo empujaba para que este sucediera. Frida estaba muy melancólica tras su divorcio, lo que tuvo como consecuencia que comenzara a beber con frecuencia y esto se reflejaba en su trabajo (Kettenmann, 1999).

En este periodo de soledad, Frida se dedicó plenamente a pintar. Quería hacer una forma de vida a través de la pintura para ya no depender económicamente ni de Diego ni de ningún hombre.
Los autorretratos producidos en este tiempo eran demasiado parecidos, casi idénticos, lo único que los diferenciaba era los elementos que los acompañaban extraídos del arte mexicano y

78

su paleta de colores.

Autorretrato con pelo corto

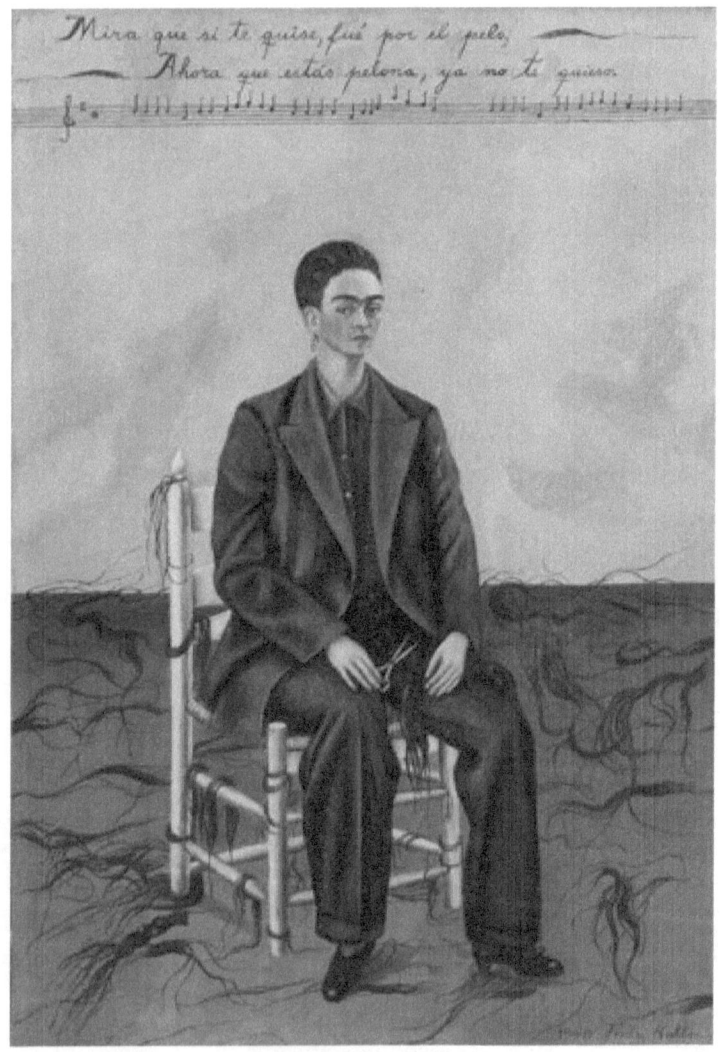

Figura 11 - "Autorretrato con pelo corto"
Fuente: Kettenmann, 1999, p. 54

La independencia adquirida en esta nueva etapa de su vida se refleja en un cuadro llamado "Autorretrato con pelo corto". En lugar de un vestido de tehuana o uno europeo, Frida se pinta a sí misma sentada en una silla, vestida con traje oscuro de hombre, con el pelo corto y unas tijeras en mano; hay retazos de ese pelo que le había ayudado a darle tanto carácter a su personaje en lo visual– tirados en el suelo, simulando de alguna forma una auto- mutilación.

El cuadro está acompañado en la parte superior por una partitura musical y se lee el extracto de una canción popular mexicana que dice: "Mira que si te quise, fue por tu pelo. Ahora que estas pelona, ya no te quiero".

Al respecto de este cuadro, Andrea Kettenmann explica:

Frida Kahlo, como en la canción, sentía que era amada por sus atributos femeninos, decidió renunciar a ellos y ponerlos a un lado. Se cortó el pelo despojándose así de la belleza femenina y su sensualidad, tal como hizo en su primera separación de Rivera el año 1934/1935 (1999, p. 55).

Otro cuadro en el que la artista usa su propio cabello para representar estaciones y etapas de su relación es llamado "Autorretrato con trenza". Este cuadro fue pintado en 1940, poco después de que Frida y Diego contrajeran matrimonio por segunda vez. En este cuadro se puede notar que Frida trae en sí misma un peinado típico indígena proveniente de la ciudad de Oaxaca, se ve su cabello recogido hacia atrás con fuerza y desplegado con lana roja en un cintillo que forma un signo de infinito, representando este el eterno círculo de la vida.

Uno de los trabajos de Frida más completos y más cargados de emoción y arte, y el menos conocido, fue su diario. En 1942 Frida Kahlo empezó a escribir un diario, porque la deterioración de su salud y el mal estado en el que se encontraba su cuerpo hacían que el pintar en caballete fuera una opción menos asequible. En su diario, Frida pintaba emociones con acuarelas y no solo escribió lo que sentía en los últimos años de su vida, sino que tocaba temas como la infertilidad, la sexualidad, la magia y el erotismo entre otros.

Alrededor de 1941 la situación política mundial se estaba tornando más caótica que nunca. La oposición de Stalin hacia Hitler llevo a Frida a estar más cerca del partido comunista. Frida ya era más reconocida en su país, participaba en exposiciones junto con otros autores en su país, se le ofreció un contrato para enseñar y aportaba constantemente a revistas del país. En 1942 Frida fue elegida como miembro del Seminario de Cultura, que era un apéndice del Ministerio de Educación Pública y que consistía en 25 artistas e intelectuales. La función de este seminario era la de promover y esparcir la cultura mexicana, organizar exhibiciones y hacer publicaciones (Kettenmann, 1999).

Para el comienzo de los años 40, el trabajo de Frida Kahlo había cambiado. Ahora tenía más comisiones de pintura que cumplir y más exhibiciones que llenar. Fue esta la razón por la que para ese entonces sus pinturas eran más grandes en tamaño, además los fondos tenían más detalle y requerían de más precisión. Muchos de los nuevos atributos que tenían sus pinturas provenían del gusto que tenía la persona que los estaba comisionando. "Eduardo Morillo Safa, trabajaba para el servicio diplomático. Le compró [a Frida] 30 pinturas durante los años y le comisionó a pintar a cinco miembros de su familia" (Kettenmann, 1999, p. 63).

La columna rota

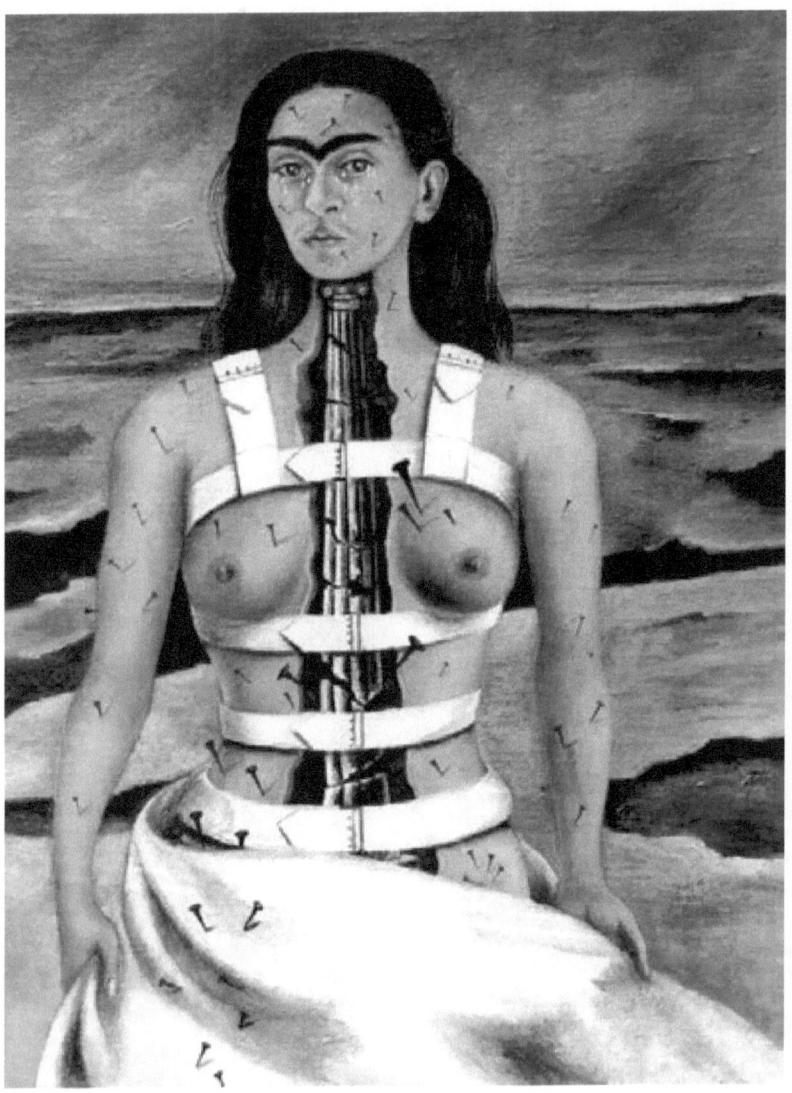

Figura 12 - "La columna rota"
Fuente: Kettenmann, 1999, p. 69

En el año 1944, el deterioro del cuerpo de Frida se hizo visible en su autorretrato "La columna rota". Un dolor muy fuerte en su pie derecho y en la espalda la llevó a permanecer en su cama durante mucho tiempo y a usar, como se puede ver en el cuadro mencionado, un corsé de acero para mantener la postura de su columna.

En este cuadro se aprecia como este corsé es lo único que sostiene su figura de pie y una apertura en la parte media de su cuerpo deja ver una columna griega rota en múltiples partes que toma el lugar de lo que sería su columna vertebral. El cuerpo de Frida está cubierto de clavos, simbolizando como el dolor se había apoderado de cada centímetro de su cuerpo.

"Esta pintura es considerada como producto directo del accidente, a pesar de haber sido pintada 19 años más tarde. Esta asociación sin duda alguna viene del hecho de que el accidente es la base para explicar su dolor crónico" (Lindauer, 1999).

Esta pintura es una de las más directas. El análisis profundo no es totalmente necesario, porque aquí se puede apreciar que los clavos enterrados en la piel demuestran dolor crónico en todo el cuerpo y este está ligado directamente a la columna. Una columna es la base donde se asienta el peso, el hecho de que en esta pintura se pueda ver la columna rota de Frida demuestra que su eje y principal sostén de equilibrio está roto; por lo tanto, el equilibrio y la facultad de fuerza no existen.

Por otro lado, el poder ver los senos expuestos demuestra vulnerabilidad sexual: "La columna que se ve en medio del cuerpo de Kahlo puede ser leída como una metáfora para la violación sexual. En el accidente también su cuerpo fue violado y destrozado por una vara de metal que le entró por la espalda y salió perforándole la vagina" (Lindauer, 1999,p.47).

Al fin y al cabo Frida ha asegurado siempre que fue en ese accidente donde "perdió su virginidad": "La columna representada en este cuadro es una representación de una penetración violenta que ocurrió durante el accidente, asociación metafórica, no un acto sexual, pero una fuerza penetrante, o violación, del cuerpo de Kahlo" (Lindauer,1999,p. 47).

Como manifestación de irreverencia hacia la construcción de feminidad de la época, Kahlo exponía su cuerpo y el cuerpo de la mujer no como un sorbé para la excitación masculina, un símbolo de belleza y armonía, sino más bien como un algo corrupto, expuesto, no del agrado total, un cuerpo libre de culpas y vergüenzas, expuesto, herido y humano.

"La pintura confronta al vidente con un torso desnudo, atractivo y vulnerable, mientras se es testigo del horrible e inexplicable abuso físico" (Lindauer, 1999, p. 49).

Sin esperanza

El autorretrato denominado "Sin esperanza" fue pintado un año después de "La columna rota" y este hace referencia al deteriorado estado de salud de Frida y a su tan odiado reposo en cama. Al respecto de este cuadro, Margaret A. Lindauer señala:

Este cuadro se despide del estilo previo en el que podemos ver a una Frida desafiante, sexual. La única similitud entre este cuadro y La Columna Rota es que se ven caer lágrimas. [...] Como podemos ver los brazos de Frida están debajo de la manta blanca, lo que se puede representar como la tristeza de su carencia de movimiento (1999, p. 58).

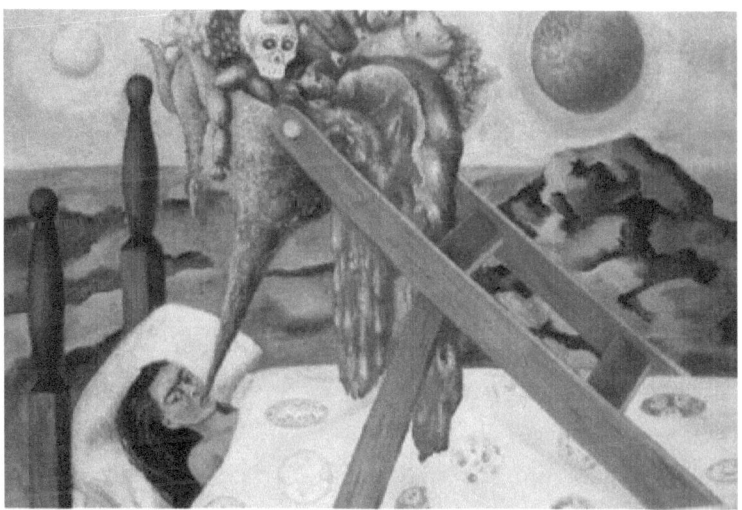

Figura 13 - "Sin esperanza"
Fuente: Kettenmann, 1999, p. 70

86

Para el final de los años 40, la salud de Frida se había deteriorado demasiado. En 1950 pasó nueve meses en el hospital ABC de México. Por la poca circulación, los dedos del pie derecho se tornaron negros y una amputación de toda la pierna tuvo que ser ejecutada. Otras operaciones en la espalda la dejaron nuevamente postrada en su cama sin poder moverse, afrontaba severas infecciones resultado de sus operaciones. Un caballete especial fue creado para que Frida pudiera pintar desde su cama (Kettenmann, 1999).

En esta etapa de su vida, tras la amputación de su pierna, Frida pasaba mucho tiempo unida a ciertos artefactos que prácticamente le ayudaban a vivir. Una silla de ruedas, múltiples corsés de yeso o de hierro, una pierna prostética y algunas dosis de morfina eran el alivio de Frida que le permitía sedar el dolor de su vida, para poder en sí vivir y seguir pintando.

Las pinturas previas a esta etapa tenían características sumamente grotescas y las insinuaciones de muerte se veían plasmadas con mucha frecuencia. En su pintura "Sin esperanza" se ve a una Frida desahuciada, tirada en una cama y con los brazos bajo el cobertor, un indicador que expresa que no tiene control sobre su situación. Hay un caballete de pintura sin lienzo, del cual cuelga un triángulo, donde se ven productos y carnes de mercado en descomposición que van directo a la boca de Frida, asemejándose a la ingestión de materia podrida. Entre la carne se puede ver una calaca mexicana que representa la presencia de la muerte.

En esta pintura se aprecia a una Frida físicamente reducida en proporción a los otros elementos del cuadro, lo que demuestra una reducción moral. "A pesar de que [en la pintura] se trata de evocar el descanso en cama, la pintura sugiere que la práctica ha fallado, a pesar de que se está direccionado carne cruda, calaveras de azúcar, etc., directamente a la boca de Frida, se ve que ella está regurgitando" (Lindauer, 1999, p.60).

En esta pintura, la alimentación, fuente de vida para todo ser humano, es forzada e infecciosa, porque entra por un ducto y vuelve a salir en forma de una regurgitación, mostrando así que la fuente de vida para todo ser humano es venenosa para Frida, de alguna forma rechazando la vida misma, la que le hace tanto daño.

El pequeño venado

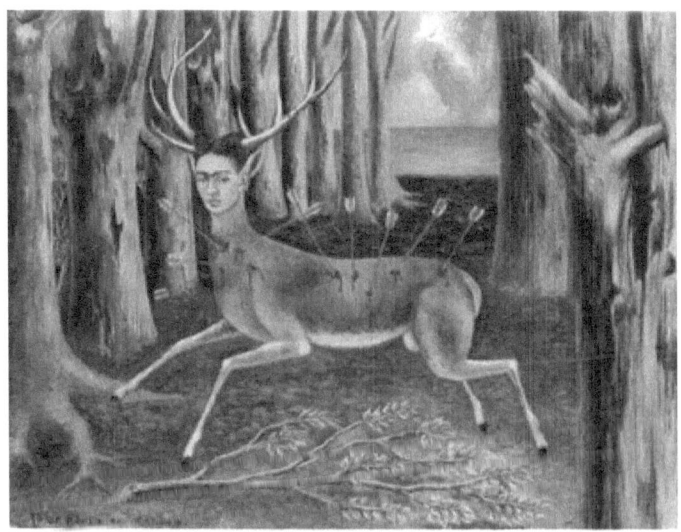

Figura 14 - "El pequeño venado"
Fuente: Kettenmann, 1999, p. 73

Respecto al cuadro de "El pequeño venado", Lindauer dice:
En el pequeño venado vemos como Frida se resiste a la
dicotomía de género. Se representa a sí misma en el cuerpo de
un venado macho, pero al mismo tiempo se ve que lleva
puesto un arete de mujer. En esencia es un híbrido bisexual,
una mujer masculinizada, desafiando las reglas patriarcales
estrictas del género (1999, pp. 72-73).

En este cuadro, se nota la representación del dolor en una
forma física. No se puede ver quién es el atacante en este
caso, pero sí se puede ver la sangre, símbolo del dolor. Varias
interpretaciones de esta pintura apuntan a que se trata de la
representación de la infidelidad de Rivera, ya que en muchas
culturas latinoamericanas la infidelidad se representa en
forma de cornamenta.

"La recuperación de Kahlo para esta época progresaba porque
se le estaban administrando grandes dosis de morfina"
(Lindauer, 1999, p. 76).

Esta situación confirma que, para esta época de la vida de
Frida, el primordial precursor del aura (encuentro con lo
transcendental) era el dolor; la inspiración para las pinturas
era el escape del mismo, siendo este el enfoque de las nuevas
pinturas. "Por no seguir instrucciones de descansar con
frecuencia, su condición se deterioró, su espina dolía, perdió
peso, desarrollo anemia, y sufría de infecciones"
(Lindauer,1999, p. 76).

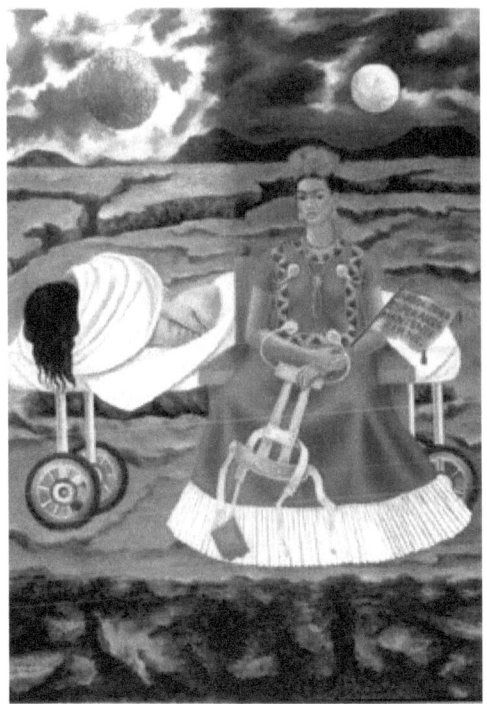

Figura 15 - "El árbol de la vida"
Fuente: Kettenmann, 1999, p. 71

El árbol de la vida

"El árbol de la vida" fue pintado en 1946, después de una cirugía de espina dorsal hecha por el doctor Wilson. La pintura muestra un autorretrato doble, una de las figuras representa una vez más a una Frida como paciente médico: "En la parte izquierda de la composición vemos a una Frida acostada en un hospital mostrando su espalda, revelando heridas de operación tan tortuosas como los clavos en La Columna Rota o en El Pequeño Venado" (Lindauer,1999,p.77).

La Frida que está al lado se ve frágil, también lastimada, pero se ve mucho más saludable y en mejor estado. También en este cuadro se ve un contraste entre una figura y otra, un juego en el que dos opuestos se contrastan: "La distinción entre enfermedad y salud se ve enfatizada en dualidades paralelas –el día y la noche, la luz y la oscuridad, sol y luna–, y en dos visiones del cuerpo" (Lindauer, 1999, p. 76).

La enfermedad se manifiesta en la Frida que está echada, no se ve su rostro, se muestra que ella se ha rendido al dolor y ha perdido su identidad (las cejas y el bigote, íconos de su imagen) para ser una enferma que tiene como identidad sus cicatrices y heridas. Por otro lado, se ve a la otra Frida, arreglada, vestida con colores festivos y flores en el pelo. Cabe recordar que la artista mexicana ha usado en repetidas ocasiones la naturaleza, la fauna y la flora para denotar vida.

El hecho de que la Frida sana tenga el corsé en sus manos denota que la salud le da libertad sobre su condición y sus restricciones físicas: "Vemos a Frida la trágica víctima y Frida la heroica sobreviviente en unas sola imagen, la artista ahora se encarga de su propia salvación" (Lindauer, 1999, p.77).

Su condición física había hecho que Kahlo se vuelva dependiente a una dosis diaria de Demerol, que vuelva a beber y que se vuelva en una persona sumamente violenta y paranoica (Kettenmann, 1999).

La salud y la vida de Frida cambiaron después de que tuvieron que amputarle su pierna en 1953. Cuando no estaba en el hospital, sus familiares, doctores y enfermeras pasaban la mayor parte del tiempo con ella, no solo para que no estuviera sola, sino para monitorear cualquier cambio en su salud y en su ánimo, ya que sus adicciones a los fármacos y al alcohol estaban más latentes que nunca; de hecho, en una ocasión se le había intentado bajar la dosis de medicinas para el dolor subiendo su dosis de alcohol, técnica que falló, ya que Frida no redujo una por la otra, sino que más bien las combinó (Kettenmann, 1999).

En esta última etapa de su vida, Frida había manifestado que quería vivir y sus pinturas habían cambiado. Varios cuadros de frutas con sus vivos colores mostraban sus ansias de seguir viva. Tras la amputación de su pierna, Frida hizo un dibujo en su diario de dos pies posados sobre una columna con la frase: "Pies para que los quiero si tengo alas para volar", mostrándose optimista sobre su condición (Lindauer, 1999).

"Espero la salida sea gloriosa y espero no volver jamás" fue una de las últimas entradas en su diario. Frida Kahlo murió la noche del 12 al 13 de julio de 1954, siete días después de su cumpleaños 47. "Porque siento que te voy a dejar muy pronto" fueron las últimas palabras de Frida hacia Diego, la noche antes de su muerte, cuando él le regalaba un anillo por sus bodas de plata que serían el 21 de agosto de ese mismo año.

Embolismo pulmonar fue la causa de muerte dictada por el doctor que le hizo la autopsia. Para el nivel de deterioro del cuerpo y alma de Frida, no se descarta que la pulmonía o un suicidio hayan sido provocados por ella misma (Kettenmann,1999).

Las situaciones, sensaciones, acciones son parte de la creación del aura (en términos de Benjamin), ya que el aura existe después de una experiencia transcendental. En los cuadros de Frida, se siente que hubo una minuciosa elaboración de los elementos y los detalles que rodean la imagen de la retratada. Los cuadros de Frida Kahlo cumplían la función de alivio de su dolor, así como expresión de sus pensamientos y emociones, aparte de ser una distracción en los periodos en los que vivió echada en una cama por su condición física. Nunca tuvieron la intención de ser hechos para la apreciación o gusto de un público específico o general. Frida tampoco buscaba ser surrealista con su trabajo, sino que esta fue la escuela en la que fue catalogada, porque era la que más se asemejaba a su trabajo.

CAPÍTULO IV

EL "FANDOM" DE FRIDA KAHLO

Margaret A. Lindauer afirma que en la apreciación de la obra de Frida Kahlo ha primado la atención a su vida personal: "Kahlo y Rivera crearon pinturas durante las décadas postrevolucionarias. La complejidad del contexto político, histórico, y social en el que Kahlo ha trabajado se ha divorciado de sus pinturas   y todo la atención ferviente se ha puesto en su vida privada" (1999, p. 150).

El nombre de Frida Kahlo salió a la luz después de su muerte y saltó a los cánones de la historia, pero pegada a este también salió su vida privada con sabores a drama, escándalo y sexo. En los años 80, Frida surgía en los museos y en los documentales y ya para los 90 surgía en la cultura popular, haciendo que cuando se hable de Frida se hable de "la vida y el arte de Frida Kahlo":

En una reseña de la exhibición itinerante Pasión por Frida que exhibía objetos relacionados con la inspiración creativa, moda popular, entre otros relacionados con la pintora, Robert Cathron dijo: "Kahlo sufría de terribles malestares físicos, polio en la niñez y un accidente de tranvía en su juventud destrozaron su cuerpo y su salud por el resto de su vida. Los abortos espontaneas arruinaron sus deseos de ser madre y le dejaron un espíritu malherido [...]. Todo esto se plasmó en sus pinturas. En sus autorretratos Frida presenta su torso abierto listo para ser inspeccionado mientras instrumentos médicos tortuosos yacían cerca" (Lindauer, 1999, p. 150).

Esta reseña es un ejemplo de cómo, a través de las décadas, Frida deja su estatus de artista para convertirse en una curiosidad. Los hechos relevantes de su vida que habían inspirado su arte ahora eran la extravagancia que atraía al público a verla más a profundidad y a de pronto descubrir sus pinturas. Pero este de exhibiciones como la reseñada demuestran que es aquí donde las pinturas de Frida Kahlo pasan a segundo plano para mostrarla a ella sola, sin apoyarse en ellas, para mostrar a una Frida como personaje de un drama: "Rescatada del olvido, con sus significantes sociales y políticos de las pinturas desvanecidas, se convirtió en La Vida y Obra de una artista con la sensibilidad de nuestros tiempos" (Lindauer, 1999, p. 151)

Al tiempo en el que el producto (arte) es sinónimo del productor (pintor), el artista se reduce a una construcción histórica propia, personal, psicológica y bilógica construida paralela pero separadamente de la historia social. En otras palabras, la curiosidad inicialmente dirigida hacia una artista y su lugar en la historia, pasó a ser curiosidad por pinturas de una mujer y, por ende, de su vida. Dejo de ser un tema para convertirse en un objeto.

Los significantes de Frida comenzaron a cambiar de tal forma que comenzó el goce y la inspiración en la "moda" de Frida Kahlo, calificándola como un ícono de la moda, y, en realidad, "cuando Frida se ponía el traje de Tehuana, ella elegía otra identidad, y Frida lo hizo con el fervor con el que una monja se pone el hábito" (Lindauer, 1999, p. 152).

El traje de Tehuana no lo usaba por moda o por belleza, sino el significado de este que era la identidad mexicana pura, así manifestaba una postura política que ella había adoptado al casarse con Rivera. Se explotó el exotismo de su look sin rescatar su historia:

Cuando Frida visitó Nueva York y París por sus exhibiciones, el estilo de Frida Kahlo fue... adoptado por los círculos de la alta moda, llegó hasta VOGUE y fue adaptado como un look por Schiaparelli, quien diseñó "La Robe de Madame Rivera" inspirada en el distintivo atuendo de Tehuana (Lindauer, 1999, p. 154).

Una de las fotos de Frida Kahlo fue usada en la portada de la revista Vogue. Frida comenzó a atraer los ojos del público no por su arte, sino más bien por su apariencia exótica y su auto representación mexicana explícita, siendo este uno de los momentos de la metamorfosis que la convertiría en personaje antes que en artista o pintora.

La obsesión por tener a Frida Kahlo en las revistas de moda no ceso ahí. "El énfasis en la apariencia de Frida la llevó a reposar en las páginas de varias revistas entre ellas Elle Magazine en 1989 y Vogue en Febrero de 1990" (Lindauer,1999, p. 154).

Cada vez que se mencionada a Frida en una revista de moda, se mencionada su excentricidad al vestir acompañados lado a lado con sus tumultos de vida, dejando atrás los cuadros para un pequeño pie de página, denotando así que el interés por Kahlo era más por el personaje que por su arte. Así, lentamente el look Frida Kahlo se fue convirtiendo en una mercancía. Haciendo de la combinación de las cejas, el bigote y el atuendo de tehuana una figura de adoración, cosificándola en estos elementos. Al respecto, Lindauer explica:

"El look Frida es un producto distintivo nacido de la celebración de Frida Kahlo, que proviene de la reducción de artista a imagen a mujer […] que se convierte en placer visual de inspiración" (1999, p. 163) y añade: "Kahlo sirvió como modelo a seguir para un grupo grande de personas en Estados Unidos que están buscando expresar su estado emocional interno y su búsqueda de liberación" (1999, p. 165).

Se puede observar que los significados cambian para el receptor de la figura de Frida Kahlo, comienza a verse como una heroína que expresaba su verdadera identidad a través de su imagen y de su vida, aumentando así la devoción y el fanatismo por la persona más que por la pintora, su obra y su lugar en la historia del arte y de México.

El hecho de ser exaltada como una heroína también se puede interpretar en el marco de la lucha por las dicotomías de género, lo que se logró fue atraer a mujeres en busca de liberación a su fandom (su grupo de fans).

El sufrimiento que propició el encuentro con lo trascendental para crear arte, produciendo así pinturas con aura, ahora es interpretado como el sufrimiento de una mártir que sufre por las aflicciones de todos nosotros, dándole así a la imagen de Frida un toque de santa que obviamente lleva a la idealización de su persona.

El idolatrar a Frida viene de la admiración de encontrar a una mujer que ha sufrido, esto es lo que hace que la gente se identifique con ella y con su vida: "El que su arte sea marketeable está ligado con la tragedia narrativa de su vida […]. El mercado de Frida para este punto está más ligado a su biografía que a su arte" (Lindauer, 1999, p. 166).

Este hecho llevó a que Frida Kahlo como mercancía alcance una popularidad inmensa, haciéndola la artista mexicana del siglo, sobrepasando así a artistas como Orozco, Siqueiros y, sin duda alguna, a quien fue su esposo en vida, Diego Rivera.

Lindauer explica: "Este fenómeno económico está afectando el proceso de mistificación que envuelve a la artista, lo que está impulsando a que se publiquen más textos y se hagan producciones con su imagen" (Lindauer, 1999, p. 168).

Entre los distintos artículos relacionados con la artista que se publicaron o comercializaron, se puede mencionar una caja de arte lanzada por Chronicles Books; Taschen publicó un poster que se podía doblar y se produjeron 45 imágenes del tamaño de estampillas postales para el correo. Todos estos productos dejaron de ser comprados por su mérito artístico y comenzaron a ser mercancías impulsadas por una trágica vida. En este proceso se aprecia que se le da a la obra de Frida Kahlo el mismo valor que tienen todas las mercancías de Disney que siguen al lanzamiento de una de sus películas.

Frida ha dejado de ser Frida Kahlo para ser una imagen de consumo público, lo que ha llevado a que sus pinturas sean reproducidas y consumidas como mercancía en calendarios, posters y su look se ha ligado a la moda. Su figura y su obra se han hecho marketeables, ya que los consumidores creen que los productos que llevan su imagen representan a Frida Kahlo.

En palabras de Lindauer:

Mientras los consumidores compran reproducciones de sus cuadros, también compran mercancías, servicios, y experiencias que no tienen necesariamente su arte. Por ejemplo la imagen de Kahlo es una herramienta de marketing para atraer consumidores a Little Frida's Coffee Shop en Los Ángeles o Frida's Pizza en San Francisco. A pesar de que la Frida mercancía tiene un valor por tener la habilidad de incrementar las ventas de revistas, café, y patrocinios de museos han despojado a la artista de su verdadera identidad (1999, p. 173).

En julio de 1990, Madonna declaró haber comprado varios cuadros de Frida Kahlo y expresó un profundo interés en llevar la historia de Frida Kahlo a la pantalla grande protagonizando la cinta. Este fue otro propulsor para que Frida se convirtiese en celebridad, porque el estatus de Madonna validaba a Frida Kahlo como un objeto de interés entre los seguidores de la cantante. El fandom de Frida Kahlo ha ido creciendo durante los años y este sigue vigente en nuestro contexto.

En este punto, cabe mencionar el origen del Museo Frida Kahlo y la admiración por los objetos relacionados a la vida de la pintora:
La angustia que sentía Diego Rivera tras la muerte de su esposa Frida Kahlo lo llevó a guardar muchas de sus pertenencias en el baño de su casa, el ahora museo "Frida Kahlo" y ordenó que el contenido del mismo se mantenga oculto 15 años después de la muerte de Rivera" (Ming, 14 de mayo de 2015).

Diego Rivero murió unos años después de Frida y después de un tiempo su casa se convirtió en el Museo Frida Kahlo; a pesar de esto, el contenido del baño quedó sellado hasta el 2004, cuando el museo decidió hacer un inventario del contenido del mismo.

El museo invitó a la fotografía japonesa Ishiuchi Miyako para que haga el inventario fotográfico de más de 300 reliquias nunca antes vistas:

Habiendo fotografiado ropa de la época de postguerra en Japón, Ishiuchi es la indicada para para poder recuperar información a través de sutiles huellas encontradas en los objetos personales de Frida. Sin embargo, la fotógrafa sabía poco de Kahlo cuando llegó a México, y fue a través de sus pertenencias y sus vestidos de Tehuana, un par de gafas de sol en forma de ojos de gato, que la icónica pintora apareció ante los ojos de Ishiuchi (Ming, 14 de mayo de 2015).

Inspirados en la cultura indígena mexicana, el atrevimiento en los atuendos de Kahlo ha inspirado a muchos diseñadores de moda como Marc Jacobs y Alexander McQueen. Sin embargo, la forma de vestir de Kahlo no era solamente un manifiesto de la moda, sino también una forma de camuflar sus desperfectos físicos.

El 24 de noviembre de 2012 se abrió al público una exposición en la "Casa Azul", que es ahora el Museo Frida Kahlo, que titulaba "Las apariencias engañan: los vestidos de Frida Kahlo" Esta exposición nace del interés que tenían la revista Vogue México y el Museo Frida Kahlo por mostrar la influencia y aporte que la artista tuvo con la moda. Por primera vez este recinto presenta los artículos más personales de Frida, que fueron descubiertos en un baño el año 2004 y habían permanecido guardados por más de 50 años por orden de Diego Rivera.

Dentro de un baño, se descubrieron más de 300 vestidos de ori- gen indígena. Estos atuendos brindaron una nueva forma de ver como vestía Frida Kahlo, para reconstruir mejor su identidad y apreciar como con las prendas que usaba trataba de ocultar las deficiencias físicas que el polio y el accidente le habían dejado.

Tras un largo proceso de estudio en el que participaron historia- dores, curadores de arte y expertos en la materia, se exhibieron objetos de valor cultural. Según Carlos Philips Olmedo, director general del Museo Frida Kahlo, Dolores Olmedo y Diego Rivera Anahuacali, todo lo encontrado debía ser expuesto al público, ya que todo es del público y para el público, denotando así que la imagen y pertenencias de Frida pertenecen a México y no debe- rían ser de carácter privado.
A pesar de estas declaraciones y por mandato de Diego Rivera, las prendas jamás abandonaron el museo y solo fueron expuestas por un año. Sin embargo, no todos los proyectos que ostentan el nombre de Frida Kahlo son tan respetuosos con su legado y valores. ¿Cómo las esferas públicas están usando la imagen de Frida Kahlo sin conocer los principios y políticas de la artista?

Pocos años antes de su muerte Diego Rivera estableció en un testamento que el Museo Frida Kahlo sería una institución regida por el Banco de México. Esta institución se creó para preservar las posiciones, trabajo y patrimonio como un tesoro público (Notimex, 3 de enero de 2013).

A pesar de esta lógica anti comercialista de Rivera, existe una empresa como la Corporación Frida Kahlo que se encarga de sobreexplotar la imagen de la pintora al dar licencias para la producción de artículos variados. La historiadora Teresa Del Conde ha expresado su preocupación sobre la trasparencia de la Corporación Frida Kahlo, en una entrevista con el periódico El Universal dijo que dicha empresa ha usado la licencia del nombre de la pintora de forma ilícita y que una investigación a profundidad sería necesaria para devolver el nombre de Frida Kahlo al pueblo mexicano.

Frida Kahlo era una mujer anti-capitalista que rechazaba la idea de la homogenización, y la imposición de las ideas y modelos europeos que se tenía en el siglo XX. La construcción de su postura venía de una resistencia a las ideas occidentales sobre la imagen de la mujer y también tenía un origen político comunista.

Sin embargo, hoy en día admiradores de la pintora ya no necesitan trasladarse hasta el Museo Frida Kahlo para poder ser testigos del arte y legado que la artista le ha dejado al mundo, ahora pueden aproximarse a la tienda Pineda Covalin en el centro de la Ciudad de México (que se encuentra al lado de una distribuidora de autos Bentley) y, por el precio de 110 dólares americanos, pueden adquirir una bufanda con alguna de las pinturas de Kahlo impresa en la tela.

La Corporación Frida Kahlo ha dado paso libre a que exista la posibilidad de tener una licencia para poder ponerle el nombre, imagen o pintura de Kahlo a casi cualquier artículo. La comercialización de la imagen y el legado de Kahlo han llamado la atención de muchos intelectuales y seguidores de la pintora que no son "fans" de la "Fridomanía".

Esto demuestra que la curiosidad que el público tiene por Frida Kahlo ya no proviene del aprecio por la elaboración de su arte y la carga de significados que tienen sus obras. Lo que atrae a la gente de Frida tiene que ver más con el enfoque que se le da en esta reciente exposición en la "Casa Azul" llamada Frida y la moda (Notimex, 3 de enero de 2013).

En esta exhibición, este reflector con el que se ilumina a Kahlo es más una exquisitez de moda y muestra como la figura de Frida ha sido usada para imponer moda, más allá de los verdaderos significados que estos atuendos tenían para Frida y para el periodo de tiempo en el que vivió.

Hoy en día muchas personalidades mexicanas ligadas a Frida Kahlo han expresado su disconformidad con la "Fridomanía" y su procedencia. Ofelia Medina, quien interpretó a Kahlo en el film "Frida Naturaleza Viva", ha expresado su incomodidad al ver todo el marketing que trae consigo la corporación. "Se vende de todo, todo es consumido, todo es promocionado, y esto incluye a Frida. En su tiempo fue tan rechazada que se moriría de risa al ver todo esto", expresó Medina en una entrevista para el periódico Chicago Tribune (Ávila, 1 de julio de 2007).

La autora y crítica de arte Raquel Tibol conoció a la pintora y tuvo una relación de amistad con ella en sus últimos años de vida. Ella comentó: "Esta es una vergüenza. ¿Quién les ha dado permiso para usar el nombre [Frida Kahlo]? Isolda ha perdido la cordura en el nombre del comercio. Se ha cruzado una línea, esto es una falta de respeto" (Ávila, 1 de julio de 2007).

Martha Zamora, autora de la obra biográfica "Frida, el pincel de la angustia", comenta que el nombre, imagen y trabajos de la pin- tora deberían estar controlados por el Estado mexicano, siendo estos un patrimonio de la gente, ya que conllevan en sí mucha cultura mexicana.

"Frida", un film de Julie Taymor
Antes de analizar la película "Frida" (2002) de Julie Taymor, se presentan algunas citas sobre el aura y el cine de algunos pensadores de la Escuela de Frankfurt:

Por qué el aura está atada a su aquí y ahora. No existe una copia de ella. El aura que está alrededor de Macbeth sobre el escenario no puede separarse, para el público, de la que está alrededor del actor que lo representa vivo. Lo peculiar de la filmación en un estudio cinematográfico está en que ella pone al sistema de apara- tos en lugar del público. Se anula de esta manera el aura que está alrededor del intérprete, y con ella al mismo tiempo la que está alrededor de lo interpretado (Benjamin, 2003, p. 70).

El film no puede entenderse aisladamente como una forma artística "sui generis", sino que debe entenderse como el medio característico de la cultura de masas contemporánea que se sirve de las técnicas de reproducción mecánica. La noción de cultura de masas no supone un arte que tiene su origen en la masa y que se eleva a partir de ellas (Adorno y Eisler, 1994, p. 13).

Theodor Adorno era reacio hacia el mundo de la cinematografía. En una ocasión comentó que, cada vez que iba al cine, salía de ahí, contra su voluntad, más estúpido y peor. Esto se debía a que él veía el cine como una oportunidad de opresión y homogenización para las masas, siendo el cine el único arte que desciende hacia las masas y es este arte masificado el que se representa ante las sociedades como un espejo para el hombre, dictándole así conductas y necesidades falsas, privándolo de su autonomía intelectual (Adorno y Eisler, 1994).

Adorno y Eisler reparan en que cuando la persona promedio su- puestamente no está trabajando y no está aportado al sistema capitalista, en realidad sí lo está haciendo, porque en

106

sus momentos de "ocio" se le ha generado la necesidad de consumir productos culturales para entretenerse:

En la era industrial avanzada, las masas no tienen más remedio que desahogase y reponerse como parte de la necesidad de regenerar las energías para el trabajo que consumieron en el alienante proceso productivo. Esta es la única "base de masas" de la cultura de masas. En ella se semienta la poderosa industria del entretenimiento que siempre crea, satisface y reproduce nuevas necesidades (1994, p. 13).

Volviendo a las reflexiones de los pensadores alemanes sobre algunas artes, Walter Benjamin tiene una visión sobre el aura en el cine análoga a la que tiene Adorno sobre el aura de la música. Adorno encuentra el aura de la música en las partituras de la misa y esta se hace presente en la ejecución de la misma; mientras que Walter Benjamin encuentra el aura del cine en el desempeño que se hace para poder crear una pieza cinematográfica (Adorno y Benjamin, 2001).

No obstante, cabe recalcar que Adorno no tiene una imagen positiva del cine:

De todos los medios culturales de masas, el cine, al ser el que más abarca, es el que muestra con mayor nitidez esta tendencia aglutinante. El desarrollo de sus elementos técnicos, imagen, palabra, sonido, guion y representación dramática y fotografía, como tales, ha discurrido paralelo con el desarrollo de las determinadas tendencias sociales para la aglutinación de los bienes culturales, tradicionales, una vez, convertidos en mercancías (Adorno y Eisler, 1994, p. 14).

Después de los argumentos teóricos anteriormente expuestos, se puede afirmar que es pertinente analizar la película "Frida" de Julie Taymor, porque esta es una de las primeras veces que se ha expuesto a Frida Kahlo como personaje e imagen, y a sus pinturas como un producto cultural, una mercancía.

Esta es una de las primaras veces que podemos ver que Frida deja su puesto hedónico en el high art para ser parte de la cultura popular y ser expuesta a las masas como personaje. También esta es una clara muestra de cómo, a través de esta plataforma mediática, la imagen, las pinturas y los significantes de Frida Kahlo han perdido el aura; ya que Walter Benjamin muestra en su teoría que el "aquí y ahora" de una obra cumplen la función de ser como una casa para el aura.

El hecho de que la película haya sido distribuida por Miramax Films (que distribuyó la película musical Chicago el mismo año) hace que la imagen de Frida deje de circular como un caso de admiración o de estudio en esferas académicas y de la crítica de arte, para ser ahora expuesta ante las masas como entretenimiento, lo que conlleva a desechar ciertos elementos del contexto y la historia de la artista. Por ejemplo, la directora de la película comentó en una entrevista incluida en los special features del DVD: "La película ha sido rodada en el idioma inglés, porque así se podría llevar a una audiencia más grande" (Taymor, 2003).

Respecto al entretenimiento, Adorno y Eisler sostienen que "todo arte, tomado como un medio para pasar el tiempo libre, se convierte en un entretenimiento, al tiempo que absorbe más temas y formas del arte autónomo tradicional como 'bienes culturales'" (1994, p. 14).

Los textos que se han escritos sobre Frida Kahlo están hechos de los fritos y refritos de acontecimientos "oficiales" que se han recordado de la historia de una mujer, de una artista y de un ícono mexicano. Sobre esto la directora de la película "Frida", Julie Taymor, comenta:

Es muy importante entender que ni los biógrafos, ni los diarios cuentan la verdad absoluta de lo que ha pasado tras puertas cerradas. Por lo tanto, hay que tomar un enfoque propio para poder analizar la vida y el arte de Frida Kahlo. En el caso de la película, esta se ha hecho desde el punto de vista de la historia de amor entre Frida y Diego más allá de un punto de vista político (Taymor, 2003).

Este enfoque ha logrado que se puedan entender más los significantes asociados a la imagen de Frida Kahlo y sus pinturas. La película ha ayudado a personificar a estos individuos y a darles una forma tangible humana, dejando de ser así personajes abstractos en textos para convertirse en personajes de carne y hueso con emociones con las que el espectador puede identificarse y en las que puede ver su propia realidad reflejada. Sin embargo, esta película también ha contribuido a que Frida Kahlo sea más un personaje popular que una figura histórica, al punto que hoy en día su nombre e imagen estén en una línea de cosméticos o en una bebida alcohólica como las que tienen la superestrellas del pop Lady Gaga y Madonna.

Esta película es el puente que ha permitido a Frida Kahlo pasar de ser una artista conocida y analizada por una esfera académica y del high art a ser un ícono pop, por el solo hecho de transformarse en un personaje del cine.

En una entrevista el año 2003 para promocionar la película "Frida", la actriz principal y productora de la misma, Salma Hayek, comentó: "Estamos contando una historia de amor, donde lo más importante es la fortaleza y el amor incondicional, pero también estamos contado una historia de amor y devoción a la vida, porque Frida Kahlo estaba enamorada de la vida en sí" (Taymor, 2003).

Con esta declaración se hace patente que si se quitan los significantes y el peso histórico de la vida de Frida Kahlo, se puede ver una historia de amor entre dos artistas, una historia de amor entre ellos y con la vida misma, que es venerada en la misma. Este hecho ha contribuido una vez más a que se tome a Frida Kahlo como un personaje en una historia de amor, perdiendo ciertos significantes y encontrando otros, como el de mujer e ícono feminista. El actor Geoffrey Rush, quien interpreta a León Trotsky en la película, comentó sobre esto: "Muchos académicos y autores feministas la hicieron un ícono [feminista] porque ella ha logrado hacer un diario de sus emociones y de su sufrimiento" (Taymor, 2003).

En una entrevista para promover la película "Frida", la directora de la misma comentó:

A través de su vida podemos ver eventos que culminaron en una pintura, y es eso lo que hace que su historia sea perfecta para ser llevada a la pantalla grande [...]. La historia de amor entre Frida y Diego es lo que más me llamó para hacer esta película y también es sobre dos artistas que se han amado y apoyado durante toda su vida (Taymor, 2003).

La película fue hecha desde la visión de Frida Kahlo, buscó mostrar cómo ella misma veía su propia realidad, creando realidades subjetivas, para así poder entender el origen de los cuadros. Gracias a esto tenemos un entendimiento y una visión más humana del proceso por el cual ha pasado la artista para poder crear su arte.

Dentro de la representación que esta película hace de Frida Kahlo como personaje, se puede ver que los desnudos son un elemento importante. La directora, Taymor, explica que estos desnudos:

[...] en la película no tienen nada que ver con el sexo o con ser sexy, en las escenas en las que vemos como Salma [en el papel de Frida] se saca el corsé de yeso y revela su torso desnudo, muestra vulnerabilidad, moretes y se ve el alivio de su cuerpo. Esta confianza con los actores se logró gracias a que esta película está hecha por mujeres (Taymor, 2003).

El mexicano Rodrigo Prieto fue elegido como el director de foto- grafía por la directora Julie Taymor. Él también trabajó como camarógrafo, logrando que muchos de los movimientos de cámara sean hechos a mano alzada, sin el apoyo de ningún artefacto para así poder, con los movimientos de la cámara, mostrar emociones y sentimientos.

El color, las formas, la luz y las dimensiones han jugado un papel importante en la evocación de sentimientos sin usar actores que demuestren los mismos. Rodrigo Prieto explicó: "Después [de la escena] del accidente usamos un color blanco y brillante porque ella dijo en una carta a Alejandro su novio en ese tiempo, que después del accidente todo perdió su misterio y se volvió como hielo" (Taymor, 2003). El color de México se ve reflejado en la ropa y especialmente en los verdaderos atuendos de tehuana que Salma Hayek usa en la película.

Continuando con otros temas, en una entrevista para la película "Frida", la directora Julie Taymor (Taymor, 2003) comentó:

Esta mujer fue un icono feminista, al ser una mujer abusada que se levantó en contra de sus opresores, pero todavía vivió con el esposo bastardo mujeriego, un monstruo. Frida adoraba a su esposo Diego, a pesar de lo monstruoso que fuera con sus infidelidades, ellos dos se apoyaban como artistas y Frida quería estar con él [...]. Frida era política pero esa no era su esencia, su esencia era ella misma, no era aquí donde está su esencia, esto está en el expresarse a sí misma.

Hay una diferencia en como Frida fue percibida en los años 80 y ahora fue usada como un ícono del sufrimiento y dolor. Una mujer que fue abusada por su esposo y sobrevivió estos accidentes, más ella fue una mujer que fue única, irreverente, femenina [...]. Lo que atrae a la gente es la dualidad que existe entre ser oscura, macabra, grotesca y bella.

"[La escena en la que Frida se corta el pelo] Es una de las escenas más emblemáticas porque podemos ver como Frida [después de la indiscreción de Diego con su hermana], se corta el pelo, símbolo de su mexicanidad y de su feminidad y juega con su parte masculina.

La comercialización del arte es fenomenal en estos días, también la de las películas. Es muy difícil para la gente que sientan que su voz puede ser oída si no ponen su arte ahí afuera. Solo lo que es comercial es importante.

Esta película ha sido hecha desde el punto de vista de dos mujeres (entre otros colaboradores) que han tomado el mando en la creación de la misma, Salma Hayek y Julie Taymor. Ambas han partido desde su propia percepción de como Frida Kahlo vivió su vida, usando como guía las pinturas, que en el caso de Frida son la culminación de hechos importantes que han marcado su vida.

Esta película no puede ser tomada como una representación de la realidad absolutamente verídica, sino que más bien tiene que ser apreciada como una visión desde otra perspectiva para poder entender quién en vida fue Frida Kahlo. La plataforma cinematográfica da la oportunidad a los espectadores de percibir a Frida Kahlo desde una perspectiva más visual, personificada y humana.

Esta película es el resultado de dos mujeres, Taymor y Hayek, que percibieron la realidad de Frida Kahlo a través de sus pinturas, así como también los cuadros de Frida Kahlo representan lo que ella misma percibía de su vida y del mundo que la rodeaba.

CAPÍTULO V

"Nunca pinto sueños o pesadillas. Pinto mi propia realidad".
−*Frida Kahlo.*

LA CORPORACIÓN FRIDA KAHLO

En los últimos años, la imagen y pinturas de la pintora Frida Kahlo se han licenciado para ser comercializadas bajo una marca registrada del mismo nombre, no de manera formal hasta la fundación de la Corporación Frida Kahlo. Esta cuenta ya con un modelo de explotación controlada, centrándose en la creación de productos de consumo masivo. Actualmente, existen más de 50 marcas que tiene el poder de licenciar productos con su nombre e imagen (Frida Kahlo Corporation,2015).

Después de la muerte de la pintora (1954), en la década de 1980 se detonó la popularidad de la misma gracias al auge del interés por el exotismo del arte latinoamericano y el hambre de los fanáticos por productos representativos de la

Fridomanía. Los productos expuestos al público de la artista eran elaborados de manera artesanal hasta que la heredera de la pintora tomó cartas en el asunto.

La sobrina nieta de la pintora mexicana Frida Kahlo, Marcela Romero-Kahlo, fundó la Corporación Frida Kahlo el año 2004. Dicha empresa administra las licencias necesarias para que otras empresas puedan usar el nombre, la imagen o las pinturas de la artista.

Con las imágenes que ella usaba de sí misma, logró romper los tabúes establecidos para la época, especialmente sobre la sexualidad y la imagen de la mujer. En 1950 Diego Rivera reconoció a Frida como la primera mujer en la historia del arte en abordar, con absoluta honestidad y con compasiva crueldad, los temas generales y específicos que exclusivamente afectan a las mujeres.

La Corporación Frida Kahlo se maneja en México con el nombre de Casa Kahlo y tiene como publico meta mujeres de 18 años o más que "no temen en expresar sus ideas y desean diferenciarse de los demás" (Frida Kahlo Corporation, 2015).

El venezolano Carlos Dorado comparte con Marcela Romero-Kahlo, sobrina nieta de Frida, los derechos y acciones de la corporación. Dorado tiene en su poder el 51% de las mismas, mientras que Romero-Kahlo posee el 49%. "La corporación tiene como norma primaria que cualquier producto que se licencia bajo el nombre de Frida Kahlo tiene que pasar primero por el mercado mexicano" (Frida Kahlo Corporation, 2015)

116

El hecho de que Frida haya participado activamente y se haya hecho miembro activo del Partido Comunista va en contra todo lo que la Corporación Frida Kahlo está haciendo con su imagen hoy en día. Su arte buscaba la expresión del ser humano y de sus emociones, sin mediar fines capitalistas. A pesar de que Frida usó y vendió muchos de sus cuadros para poder ser independiente y tener una forma de ganar su propio dinero, esta no era la razón por la cual los cuadros eran pintados.

Es necesario admitir que, después de las primeras ventas de sus cuadros, Frida comenzó a hacer pinturas con ciertas características distintas a sus obras previas y muy parecidas entre sí; pero estas no fueron hechas para el consumo masivo, preservaron su aura al ser piezas únicas que no estaban diseñadas para el consumo ni para la reproducción masiva.

Los cuadros y la construcción de la identidad visual de Frida Kahlo contaban netamente con símbolos precolombinos, como el peinado y atuendo de tehuana. Esta tendencia se dio gracias a que en esa época en México, los artistas como Frida y Diego querían recuperar la identidad indígena de México y preservarla antes de que esta sea violada, homogenizada y olvidada por la industrialización y las nuevas tecnologías. Irónicamente, son estas mismas tecnologías y procesos de industrialización y masificación los que han creado y distribuido los productos Frida Kahlo a través de la Corporación Frida Kahlo.

¿Es dicha corporación la que está vendiendo la imagen de Frida Kahlo, o simplemente se está aprovechando la presencia de un personaje influyente para cambiar sus significados y poder lucrar con él?

Es cierto que Frida ha sido redescubierta 30 años después de su muerte en los años 80 y su popularidad ha ido creciendo, haciéndose lentamente un icono de la cultura mexicana. ¿Este proceso ha llevado naturalmente a que se den las condiciones para que exista una Corporación Frida Kahlo o este proceso ha sido forzado para crear dicha corporación?

Si ponemos todos los productos de Frida Kahlo en una bandeja y cambiamos las imágenes que estos llevan por la cara de María Félix "La Doña", ¿sería el impacto el mismo? La respuesta será encontrada si algún día la humanidad es testigo de la masificación y comercialización formal de "La Doña"; pero hasta que esto ocurra, se puede admirar que Frida Kahlo ha sido una víctima de la mercadotecnia como la cantante Selena Quintanilla, que es la cara de una famosa línea de cosméticos 20 años después de su muerte.

Si existe un tequila Frida Kahlo podría también existir un tequila María Félix o una cerveza Tex Mex Selena. Esto da a entender que en el caso de la Corporación Frida Kahlo, y de muchas otras corporaciones (MAC cosméticos en el caso de Selena), no es importante el mensaje, la densidad de la historia, el trabajo, o el significado que un personaje pueda o haya querido tener, porque estos son solo usados como modelos de estimulación de ventas.

EPÍLOGO

"Sr. mío Don Diego (...) Es todo, ya puedo ir tranquila a que me mochen
en paz. Se despide quien le ama con vehemente locura, Su Frida"

– Carta de Frida Kahlo a Diego Rivera, México 1953.

Frida Kahlo vivía en y tenía un universo paralelo, donde
depositaba todo su dolor, sus angustias, sus pensamientos y
reflexiones y los convertía en arte. Tal vez la misma Frida
Kahlo, si leyera esta afirmación, la desacreditaría en su
totalidad, porque era ella misma quien decía que no pintaba
sueños, sino su misma realidad.

Después de haber hecho una retrospección, en una línea de
tiempo, sobre la vida de Frida Kahlo, se puede ver como
varios eventos importantes en su vida han culminado en una
pintura. Según la teoría de Benjamin, se puede interpretar
esto como el proceso trascendental que existe entre el artista y
lo divino que concluye en la producción de una obra de arte.

119

Ha sido esta aura la que ha sido encapsulada en los cuadros de Frida y los ha mantenido como un testimonio cultural para la historia de México. Con esta forma de hacer arte, Frida ha dejado un legado único que le pertenece a la memoria colectiva e intelectual de los mexicanos.

Uno de los primeros actos de Frida como la señora Rivera fue usar un vestido de una de las empleadas domésticas en su boda con Diego, en 1929, en vez de usar el vestido de novia euro- peo tradicional que otras muchachas del nivel de Kahlo hubieran usado (Herrera, 1983). En este hecho se puede ver como Frida ha construido su identidad, optando siempre por representar y honrar sus raíces mexicanas.

Este legado, lo significados asociados a Kahlo y el estatus de su arte han sido corrompidos por la Corporación Frida Kahlo, la cual ha tomado a una artista pintora y la ha convertido −con el hambre del público por una heroína de las dimensiones y características de Kahlo− en un concepto que puede ser traducido en una historia de amor, en un concepto o a una moda:

Frida Kahlo es una personalidad que actualmente está de moda. La reproducción y venta de su constructo ya no solo abarca sus pinturas o fotografías, sino que también su iconicidad es sinónimo de mercancía caliente (cejas unidas, tranzas con flores, vestido de Tehuana, etc.) (Pankl y Blake, 2012, p. 1)

Antes de tener fama y notoriedad individual, Kahlo era conocida en el exterior y en su natal México como la esposa de Diego Rivera. El día de su muerte, el New York Times publicó un artículo que titulaba "Frida Kahlo, artista y esposa de Diego Rivera". Lo que muestra que, hasta el momento de su muerte, todavía no era vista como su propia persona, sino una persona adjunta a otros elementos o a otras personas.

A pesar de su gran repertorio artístico, para ese tiempo todavía era vista solo como una exquisitez mexicana y no como una pintora, transgresora, idealista, revolucionaria en el arte en lienzo. Al respecto, Pankl y Blake explican:

Frida Kahlo está completamente ligada a la significancia de la Revolución Mexicana. Esto es completamente cierto porque Kahlo se identificaba con las ideas de la Revolución, y porque, como una de las primeras revoluciones en su especie, ha puesto a la Cuidad de México en el mapa, en una forma en la que creaba clima político, intelectual y artístico único (2012, p 3).

La post revolución configuró una fuerte corriente de ideologías europeas, como el interés en el marxismo, el régimen estalinista y la Guerra Fría. Estas corrientes ideológicas han influenciado en la construcción de la identidad de Frida Kahlo y de su entorno, dándole forma también al México de la época. Por eso después de la revolución, en un esfuerzo por crear una conciencia nacional más fuerte, el entonces ministro de Educación José

Vasconcelos solo comisionaba a pintores mexicanos como Diego Rivera, Da- vid Siqueiros y José Clemente Orozco para celebrar el mexicanismo e indigenismo:

El renacimiento mexicano fue un movimiento artístico caracterizado por el muralismo, nuevos acercamientos al arte moderno y al orgullo nacional. Este proceso estaba centrado en artistas masculinos por el concepto Mesiánico que existía en la post revolución. Este proceso marginaba a las mujeres (Pankl y Blake, 2012,p. 4).

Frida Kahlo comenzó la construcción de su identidad como una chica moderna. Este concepto correspondía a una chica que estaba muy bien educada y era ambiciosa. Esto estaba patrocinando por influencias norteamericanas y europeas.

Muchas de las ambiciones de Frida Kahlo y sus convicciones políticas nacieron en esta escuela. El padre de Frida era un emigran- te altamente educado. También fue partícipe de sus ambiciones artísticas, es por eso que muchos académicos investigan el rol académico y artístico que el padre de Frida tuvo en su vida. La creación de la identidad artística de Frida comenzó con su padre y no con Diego Rivera.

El material cultural tuvo una gran importancia en la construcción de la imagen de Frida. Ella sabía la importancia que tenía la vestimenta en la cultura y en la sociedad, y era por eso que ella jugaba y exploraba ambos lados, el femenino y el masculino, y en esta dualidad ella creó su identidad. Es por eso que, dentro de algunas esferas sociales, Frida era considerada un ícono feminista, porque a través de su identidad visual y en varias de sus pinturas rompió los silencios y tocó temas como la maternidad, el matrimonio y temas de la mujer, como la expresión del dolor, de formas no convencionales.

Por el género de la artista, es decir, su condición de mujer, muchos de los aspectos que le ha dado forma a su vida han sido subestimados, al contrario de lo que sucede con otros íconos mexicanos como Benito Juárez. La tumultuosa situación política en México, la Segunda Guerra Mundial, y la Revolución Rusa son hechos frecuentemente olvidados al apreciar su obra, pues se ha logrado que el enfoque sea más hacia su vida personal, que a los hechos que la posicionan como ícono de México y del mestizaje. Los significantes de la artista se han perdido, porque su historia ha sido como el juego del teléfono, mientras más historias sobre Frida se han contado, más estas se han distorsionado.

Antes de la Fridomanía, de muchas formas, la relación que existía entre Diego y Frida ya fue sobre analizada y sobre enfocada en la literatura y en las representaciones cinematográficas populares. Tal es el caso que mostraban a una Frida Kahlo como una mujer amazónica salvaje, quien era solamente domada por Diego:

En el film de Tim Robbin de 1999 llamado "Cradle Will Rock" que toma lugar en el Nueva York de los años 30s, el personaje de Frida Kahlo no habla, solo mira y está a una distancia considerable de Rivera. Este tipo de representaciones van en contra de los hechos biográficos que demuestran que Frida asistió a una escuela elitista en su natal México y que su familia consumía y apreciaba el intelectualismo europeo (Greer, 1 de mayo de 2005, p. 8).

Hoy en día Frida tiene un status en la cultura popular global que se asemeja al que tiene Britney Spears o Madonna. A pesar de esto, es la atención que recibe en las esferas académicas, en el mundo del arte internacional y como un símbolo mexicano emergente lo que la hace única entre tanto ícono de materia cultural.

Al respecto, Green menciona:

Con mucho énfasis en las políticas de la representación y la identidad, la academia ha encontrado en Kahlo un tema perfecto de análisis. Kahlo cuenta con una etnicidad compleja (padre húngaro/alemán y madre mestiza) autoerotismo artístico y la construcción de genero son de mucho interés para los posestructuralistas (2005, p. 5).

"A pesar de que su imagen, su arte y hasta su nombre son íconos, el contexto artístico de la artista es muchas veces obviado. También, lo poco que el público general sabe de Kahlo es muchas veces incorrecto" (Pankl & Blake, 2012, pág. 6).

La anterior afirmación muestra que la masificación del arte y de las imágenes de Frida ha llevado a que estas cambien sus códigos y se convierten solamente en una representación de la historia popular y leyenda de Kahlo, pasando así a segundo plano el origen de su reconocimiento, que son las pinturas producidas en su vida:

Frida mencionó, en una ocasión, que había tenido dos accidentes graves en su vida: Diego Rivera y su accidente en tranvía. Estos dos hechos han sido los máximos precursores de su arte, ya que los daños colaterales de ambos han sido los que han servido de inspiración para crear la mayoría de sus pinturas. La lenta recuperación de su accidente le ha dado tiempo para dedicarse a pintar a "tiempo completo" y poder desarrollarse como pintora y después artista. Su relación con Diego la puso en medio del mundo del arte moderno de ese tiempo, lo que le ayudó también a obtener notoriedad.

El atuendo de tehuana es un símbolo de la mujer mexicana hasta la fecha. Esta es una de las características que ha ayudado a construir la iconicidad de Frida Kahlo. Este hábito o característica de Kahlo se lo debió también en parte a Diego Rivera, ya que Frida explotaba su feminidad para Rivera, vistiendo este atuendo que era el favorito de Diego.

Uno de los logros artísticos e icónicos de Kahlo fue su re-definición de la forma femenina. Mientras muchos de los contemporáneos de Kahlo usaban el cuerpo de la mujer como un objeto de deseo, Frida usaba el cuerpo de la mujer (casi siempre el suyo) como un objeto de representación. Uno de los elementos más representados y explorados en su arte es el dolor en el cuerpo. A pesar de lo mencionado anteriormente, no se puede solo pensar que su arte es la representación del dolor en el cuerpo, sino que también se puede ver en él temas como la dualidad de género y la exploración de la mujer como portadora de vida. Por ejemplo, en el cuadro "Mi nacimiento" de 1932, se puede apreciar que la mujer dando a luz está muerta, pudiendo ser Frida la mujer pintada, y así mostrando su pena por no poder ser ella portadora de vida ni pasar por el proceso de gestación. También se puede analizar a esta mujer como la madre de Frida, representando así el choque que existía entre la pintura y su madre por las convicciones católicas extremas de esta, o una convicción de ambas.

También cabe destacar que "la conciencia y la manipulación de Kahlo en los materiales de la cultura indígena, es un aspecto que le ha ayudado a retener su estatus como una de las artistas más famosas de América Latina, esta fama, la ha colocado en una liga comercial y avant-garde con artistas como Van Gogh, Monet y Picasso." (Pankl y Blake, 2012,p.8)

Sin embargo, a pesar de estos rasgos valiosos de la obra de la mexicana, hoy en día circulan más fotos de Frida Kahlo que de sus pinturas, y esto se debe a que las audiencias a las que estas fotografías están dirigidas son audiencias que están más interesadas en la vida de Frida, de sus amigos y sus amantes.

126

¿Qué diría la artista al respecto de este hecho?:

"Kahlo ha usado dramáticamente el material cultural de México y otras tierras en su trabajo y en su imagen. Estas comenzaron a transitar libremente por el mundo en distintos formatos casi dos años después de su muerte. Muchos críticos especulan como Kahlo hubiera reaccionado ante esta adoración –algunos dicen que ella se hubiera disgustado y otros aseguran que (ella) se hubiera sentido deleitada con el humor irónico de la situación (Pankl y Blake, 2012, p. 12).

Lo que distingue a Frida Kahlo hoy en día, según los académicos, es que ella puede ser apreciada desde varios ángulos. Pero el núcleo de esta apreciación proveniente de los académicos, son las pinturas y todo lo que estas connotan y representan, que no es solo a Frida Kahlo como una persona, ya que la relación entre su obra, su vida, el contexto, su lugar en la historia es integral. Frida Kahlo atrae atención a ella misma como persona, por su historia de amor, como ícono feminista, y porque lo anteriormente mencionado ha sido procesado y expuesto en su pintura y en su arte.

Kahlo es claramente un símbolo internacional, y está creciendo como un símbolo nacional en México. Los murales de Rivera siguen adornando la mayoría de los establecimientos públicos en México, a pesar de esto es el arte de Kahlo el que es reconocido como un símbolo de orgullo mexicano nacional en la actualidad.

El arte de Frida Kahlo ha funcionado como un escudo y representación de como México se ha resistido al control económico estadounidense y a la colonización española, entre otros. También ha mostrado en su arte la opresión que los artefactos de la industrialización y la tecnologización provenientes de Estados Unidos representaban.

Respecto a la mexicanidad en la obra de Frida, Pankl y Blake afirman:

Frida Kahlo no solo es creadora de material cultural, sino que también se ha convertido en el material cultural. No es solamente representación del nacionalismo Mexicano sino una fusión y mezcla de varios conceptos de una "mexicanidad" (2012, p. 8.)

Las masas hoy en día han transformado el comportamiento del espectador frente a la obra de arte. Las masas buscan entretenimiento en el arte. El amante del arte busca un acercamiento a esta con recogimiento. El espectador que se enamora y recoge en una obra de arte se hunde en ella. Las masas al usar el arte como entretenimiento hacen que el arte se hunda en ellas.

Este proceso por el cual Frida se ha convertido en una distracción y producto cultural ha sido detonado por la Corporación Frida Kahlo, gracias a la industrialización de bienes culturales, en este caso la industrialización de las pinturas y la imagen de Frida Kahlo.

Gracias a este proceso es que la clase trabajadora ha comenzado a consumir arte como producto de la industria cultural. Sin embargo, el arte que llegaba a este grupo social en general ya era distinto, por el hecho de haber pasado por un proceso de industrialización de la cultura sus significantes habían cambiado.

Otro propulsor de este hecho, es el que hayan cambiado los significantes asociados a la obra de Kahlo, indiscutiblemente ha sido la película "Frida" (2002), porque esta ha transformado a la pintura de un icono cultural en un producto del entretenimiento.

Que Frida se haya convertido en un producto de entretenimiento ha hecho que pase de ser un personaje clave en la construcción de la identidad de un país con un contexto específico a ser un personaje que puede ser usado como la cara de productos promocionados por una buena estrategia de marketing.

En los últimos años, la imagen y las pinturas de la pintora Frida Kahlo se han comercializado bajo la licencia de una marca registrada del mismo nombre, esto no se dio de manera formal hasta la fundación de la Corporación Frida Kahlo. Esta corporación cuenta ya con un modelo de explotación controlada, para permitir y lucrar a partir de la creación de productos de consumo masivo. Actualmente, existen más de 50 marcas que tiene el poder de licenciar productos con el nombre e imagen de Frida.

Es el mismo público o audiencia la que ha cambiado los significantes del arte de Kahlo al consumir los productos y con ellos satisfacer necesidades que son generadas por la homogenización de las masas, estas necesidades son dictadas a través del marketing.

Cabe recordar que el marketing es el lazo que crea una empresa para interactuar con sus clientes, creando así una relación que beneficia a ambas partes. El marketing es usado para identificar al público al que una empresa quiere dirigirse antes de empezar a promocionar sus servicios o productos.

Tomando en cuenta todo lo anterior, se demuestra que la Corporación Frida Kahlo está usando a Kahlo como una celebridad y está despojándola de sus significantes, llegando a crear un patrocino no adecuado. Por ejemplo, los académicos actuales cuestionan la decisión de hacer promocionar un tequila con la imagen de Kahlo, siendo que la historia indica que la decadencia física de Kahlo en sus últimos años de vida se debió al abuso excesivo del alcohol. Paradójicamente, la corporación muestra a Frida como un personaje que celebra el consumo de alcohol como una herramienta de festejo y de relajación.

Las emociones y el mensaje que lleva la obra de Frida se pueden analizar a través de la decodificación de los símbolos que acompañan su pintura: "Para poder expresar sus sentimientos Frida desarrolló su propio lenguaje pictórico en el cual empleaba su propio vocabulario y sintaxis" (Kettenmann,

130

1999, p. 20).

Sin embargo, su mensaje no es hermético: su trabajo debe ser visualizado como la suma metafórica de sus preocupaciones y experiencias. Las imágenes que adornan y dan forma a sus pinturas vienen directamente de la cultura popular mexicana y la cultura precolombina.

Estos símbolos, que son los que le han dado forma a Frida y la han convertido en un ícono de México, se han desvanecido ante los ojos de los consumidores de los productos de Frida Kahlo para así crear una nueva "Frida celebridad". El siguiente fragmento ilustra esta situación:

¡Mira dónde está Frida Kahlo!, señala Carlos Dorado con orgullo hacia el bar. La artista luce altiva, ajena a las botellas que la rodean y a la muchedumbre que departe en el restaurante de Capaccio en Miami. El empresario venezolano pide margaritas para sus invitados. El bartender toma la botella de tequila y el célebre rostro cejijunto queda de cabeza cuando la bebida se vacía en la martinera en la que prepara los cocteles. Dorado brinda con la margarita hecha con su tequila Frida Kahlo. Cómo no, si es el dueño de la mujer pintora más cotizada del planeta. Es el socio mayoritario de la compañía que ya comercializa la imagen de un ícono latinoamericano tan famoso como Ernesto Che Guevara. Da un sorbo a su margarita, poniendo cara de que le sabe a gloria (Castellanos, 27 de mayo de 2007, p. 1).

131

Más allá de que el tequila sea bueno o sea malo, el hecho de que lleve la imagen de Kahlo le da la oportunidad de que pueda costar hasta 200 dólares americanos. ¿Qué tan lejos está este producto de honrar la memoria de Frida Kahlo? No es ningún secreto que, en los últimos años de la vida de la artista, su adicción al alcohol y la morfina habían agravado la deterioración de su salud.

Este producto no solo se relaciona de forma fundamental con la artista, sino que también podría ser considerado como una falta de respeto a su memoria al ignorar su historia y lo que el alcohol representó para ella. "Traté de ahogar mis penas... pero las condenadas aprendieron a nadar", decía Kahlo

"Carlos Dorado, entre otras firmas, distribuye a Versace, Armani, y Hugo Boss en América Latina y el Caribe" (Castellanos, 27 de mayo de 2007, p. 1). Lo anterior significa que para dicha corporación el nombre e imagen de Frida Kahlo están complemente despojados de sus significantes y son tratados solo como una marca para servir a sus fines de comercialización.

Dorado posee los derechos de Frida Kahlo porque estos fueron otorgados a él por Isolda Kahlo, la sobrina de la artista, a me- diados de los 2000. Dorado es el dueño del 51% de las acciones.

Sin duda alguna, se puede ver sin ninguna neblina quién es la persona que ha hecho que la imagen y pinturas de Frida Kahlo den el salto para ser parte de una leyenda de amor a ser un producto del marketing. El tiempo y el espacio en el que esta investigación se ha realizado impiden que se pueda ir directamente donde Isolda Kahlo para poder preguntarle: ¿por qué?

La hija de Cristina Kahlo, Isolda Pinedo Kahlo, sobrina de Frida Kahlo, fue quien, con ánimos de impedir que se deshile una sarta de mentiras sobre su tía, escribió el libro "Frida Íntima" el año 2004. En dicho libro, Isolda le escribió una carta a su tía Frida, donde expresa:

13 de julio de 2004

Queridísima tía Frida:

Hoy se cumple medio siglo de tu partida. Tú tenías entonces 47 años y yo tengo hoy 75. Pero, extrañamente, te sigo viendo mayor; sigues siendo mi segunda madre, y yo la niña que un día llegó a tu lado de la mano de mi hermano Toño y de mi madre Cristina, tu hermana once meses menor que tú, a vivir contigo y tío Diego en la Casa Azul de Coyoacán.

En esa casa mágica crecí junto a usted: mi familia. Allí pasé muchos años de mi vida, desde mi infancia hasta mi matrimonio, años intensos, gozosos, penosos; allí conocí primero el cariño familiar, y a su debido momento el amoroso; allí soñé, reí, lloré, bailé, sentí alborozos, miedos, y viví vaivenes económicos, allí pase de niña a mujer y allí me enamore (varias veces)... En fin, allí pase por todas las etapas de una vida normal, ¡Ay!, querida tía Frida, con toda sinceridad, hoy puedo afirmar ante ti y ante mi misma que entre ustedes fui feliz, muy feliz.

Y aunque yo creía haber aprendido muchas otras cosas en la Casa Azul, fue tu ejemplo lo que me hizo comprender que a algunas personas puede tocarlas la fortuna (o el in- fortunio) de llegar a ser

134

famosas, mas no por eso han de prescindir de su naturaleza humana. Ciertamente la fama es una forma peculiar de olvida que, sim embargo, no se realiza del todo mientras exista alguien que guarde el recuerdo en su memoria. Y en tu caso yo soy esa memoria, esa última memoria: yo soy la única persona que queda sobre esta tierra de cuantas vivieron cerca de ti, bailaron contigo, escucharon tus consejos y regaños tuvieron sus manos entre las tuyas, atestiguaron tus alegrías y sufrimientos, supieron de tus esperanzas y engaños, te vieron brillar durante muchos años con luz deslumbrante, y luego, poco a poco, apagarte en un final inapelable que para mí tuvo menos de derrota trepidante, que de sereno pacto de honor con la Pelona como tú la llamabas.

Entiendo que la historia, esa gran momificadora, te haya embalsamado con vendajes de celebridad, a ti que tanto odiabas los vendajes y las tiesuras en todas sus formas (tanto físicas como mentales, sociales y hasta políticas); entiendo que la historia te haya sepultado bajo montañas de palabras y criticas laudatorias, agudas, analíticas, explicativas, unas exageradas para bien y otras para mal, falseadas, cretinas, torpes y a veces malintencionadas; entiendo que eso haya convertido tu carne en mármol, tu piel en bronce y tus pasiones en tópico narrativo. Supongo que en una persona que destaca como tú, eso es inevitable. A la larga, todas las celebridades se convierten en estatuas de sal. O en figuras de cera, como la que en un conocido museo en Manhattan (que tantas veces te sirvió de refugio) tiene una plaquita con tu nombre. Y sim embargo, esa no eres tú, sino la actriz Salma Hayek personificada como tú. Sí, coincido contigo en que Salma es tu nueva gran amiga en la pantalla grande, como antes lo fue muy dignamente Ofelia Medina (con una personificación física todavía más impresionante que la de Salma, por fiel), y coincido, además, en que también ella debe acompañarte por el sendero de donde las identidades se modifican de maneras imprevisibles. Pero déjame añadir que tú y yo sabemos que sin duda habrías preferido mil veces el papel maché sobre la cera. Todas las personas que se convierten en personajes, corren el peligro de cuajarse en el frio como gelatinas, así que ya ni me sorprendo ni me alarmo. A estas alturas de mi vida y de tu fama, ya no estoy muy segura de creer que hay una sola verdad, una única verdad respecto de cualquier cosa humana, Quizá las versiones diversas, dispares y hasta encontradas que contienen los muchos que sobre ti se han escrito, scan todas de alguna manera verdades, aunque en su inmensa mayoría no sean sino refritos de refritos de refritos. Quizá hasta las mentiras malévolas que a tu alrededor se han tejido, sobre todo a partir de esa fuente tan dudosa y retorcida que ha sido Raquel Tibol, sean también verdades... a su modo.

En fin, esas no son mis verdades, y en todo caso no me importa. Ya aprendí que no conduce a nada discutir con los rayos de la tempestad, con los aludes, con los terremotos...y las lenguas que son, como fue tu columna vertebral: bífidas.

Yo he consignado en este libro mis verdades sobre ti: las verdades que una mente infantil y luego juvenil integro profundamente dentro de su ser acerca de una mujer que supo amarte siempre como una segunda madre, y a veces como la hermana y confidente que nunca tuve, una madre-hermana que vivió apasionada, tumultuosamente, que durante décadas se defendió como pudo de la "Tía de Las Muchachas", la Flaca, la Pelona, o la muerte, como tú la llamabas, y que después, incidentalmente, y sospecho que a pesar suyo, se volvió famosa.

Por todo eso, este libro es de mí, para ti, amada Frida, tía, madre y hermana de esa muchacha que fui, pues trata de ti y de mí.

Con el cariño de siempre, tu sobrina
Isolda (Kahlo, 2004, pp. 13-15).

Con este testimonio de Isolda Kahlo, se puede apreciar como ella deja muy en claro que, de alguna forma, ella tiene la "verdad absoluta" sobre Frida Kahlo y, al ser su sobrina, una de las pocas personas vivas en el siglo XXI que tiene la alegría de poder decir que ha conocido a la pintora, posee la facultad de contar la verdad verdadera.

En la carta también se ve cómo se desacredita a todas las otras versiones, investigaciones y escritos sobre la pintora, llamándolos "refritos de refritos", y se pone incluso en duda la veracidad de lo escrito por la biógrafa Raquel Tibol, una de las principales biógrafas de Kahlo, para dejar como consuelo este libro que contiene la verdadera historia de Frida.

En la carta también se aprecia la mención directa a la celebridad de Frida Kahlo, que, como lo menciona Isolda, es el principal factor del remolino de ideas y de mitos que van ligados a Kahlo. Lo más importante de esto es rescatar que, en la construcción de la identidad de Frida Kahlo para Isolda, la pintora ya es una celebridad, no un personaje famoso, sino celebridad, término usado en la cultura popular para denotar fama celebrada y no como un personaje famoso o histórico.

Es imposible usar el libro "Frida Íntima" como la biblia y verdad absoluta de quien en vida fue Frida Kahlo, hay que asumir este texto como una verdad más, tal vez una muy íntima para Isolda, pero no la única. En este punto es muy difícil discutir la veracidad de la cercanía total de Isolda y

Frida, lo único que se puede afirmar con certeza es qué es Isolda quien ha desflorado el aura de Frida Kahlo, vendiéndolo para su prostitución o masificación.

Según las Kahlo – Pineda y su nieta, crearon la corporación tratando de salvar la imagen de Frida de productos artesanales de mala calidad. Bajo esta premisa se ha licenciado la imagen de Kahlo a varios productos que según su criterio celebran la vida y arte de Frida recibiendo de estos artículos de 2 a 5% de las regalías. Los artículos a los que se han licenciado la imagen de Kahlo se encuentran cinco modelos de tenis Converse con fotografías, firmas y fragmentos de sus pinturas, una línea de ropa juvenil marca Diesel y tres modelos nuevos de la muñeca (Castellanos, 27 de mayo de 2007, p. 2).

Isolda y su nieta han hecho que Frida deje de ser un mito a voces en los mercados y entre los artesanos populares que usaban las pinturas de la artista como figura central de sus trabajos para transformarla en una marca registrada, argumentando que no quieren "baratijas" con el nombre de Frida y haciendo de su imagen algo más global, mas no local. "Frida es pues, un negocio a largo plazo. Dorado tiene razones para alzar su copa." (Castellanos, 27 de mayo de 2007, p.4).

Retomando la teoría de Walter Benjamin: "¿Qué es propiamente el aura? Un entretejido muy especial de espacio y tiempo: apare- cimiento único de una lejanía, por más cercana que pueda estar" (Benjamin, 2003, p. 47).

Según Benjamin, una obra de arte nace a partir de una epifanía personal o un acercamiento sobrenatural con lo divino. Frida Kahlo es un claro ejemplo de esto, ya que los hechos más importantes que marcaron su vida y le dieron forma a su identidad culminaron con la realización de una pintura.

Esto hace que una obra de arte sea poseedora de un aura, característica que le da a la obra un sentido de ser inalcanzable. Una obra de arte que se encuentra resguardada en un museo no está al alcance de todos, el espectador (en muchos casos) recorre largos caminos para llegar a la obra, hace un aporte económico y recién se le concede el poder presenciar y admirar la obra por una limitada cantidad de tiempo.

Respecto a la importancia del lugar donde se produjo y/o se conserva una obra, Bolívar Echeverría explica.

El Aura se puede ver como el alma de una persona. Es cierto que la ciencia ha logrado crear inteligencia artificial, robots y demás semejantes a los humanos, pero por más que se parezcan estos carecen de un alma. Es esta la que hace que el ser humano sea humano y no máquina. El aura el arte viene de un acontecimiento transcendental o sobrenatural en el autor donde nace la obra. Por ser la obra tan magnifica, pura y celestial y no tiene igual. (2003, p. 16)

140

La obra de arte poseedora del aura debe ser guardada. Esto no significa que debe ser oculta, sino que sólo debería ser expuesta ante quien pueda llegar a ella guardando la distancia y respeto que la obra merece. En el caso de la Corporación Frida Kahlo se aprecia todo lo contrario, la obra es expuesta para su exhibición (y comercialización) y es reproducida de forma masiva. Una obra de arte se convierte en una profanación por su reproducción bajo la lógica corporativa.

Estos procesos de reproducción y masificación contribuyen a la pérdida del aura, ya que la decadencia y destrucción de la misma se dan por la extinción de la unicidad o singularidad que la hace arte. En el caso de Frida Kahlo, las plataformas en las que se exhiben su arte o imagen son actualizables y están en constante movimiento. Pasan de una zapatilla de marca Converse a la portada de un cuaderno.

Estas nuevas plataformas donde se aloja el "arte" han cambiado a su vez la forma de ver el arte; ya que en la reproducción masiva de una pieza artística se pierde la práctica de ir a ella como en un acontecimiento ceremonial:

Gracias a la pérdida del aura, como se puede ver en el caso de la Corporación Frida Kahlo, para el público receptor el arte deja de ser un acto de acercamiento a contenidos profundos, para pasar a ser una actividad ligera; pasan desapercibidos sus significados y se convierte en una recepción del arte distraída.

Estas condiciones han hecho que las masas tengan no solo un hambre por el arte, sino además un hambre constaste, ya que en el presente siglo la tecnología ha hecho que todo sea efímero y desechable. Esto ha permitido que la Corporación Frida Kahlo pueda tener un catálogo tan amplio de productos que sigue creciendo.

En el caso estudiado, se puede ver claramente que la pintura de Frida Kahlo era poseedora del "aura" de la que Walter Benjamin habla hasta que la Corporación Frida Kahlo la despojó de la misma. En resumen:

a) El arte de Frida Kahlo ya no posee el aquí y el ahora, ya que sus pinturas y su imagen van plasmados en varios productos, haciendo que estas estén al alcance de cualquier persona que pueda hacer el aporte monetario correspondiente y que así puedan poseer la obra en un formato distinto al de un lienzo.

b) Los productos de la corporación Frida Kahlo no son el producto del encuentro de un artista con lo sobrenatural, sino son productos de la industrialización y de la masificación.

c) La facultad por la que una obra de arte es única y no reproductible técnicamente por el artista u autor se pierde con los productos de Frida Kahlo; ya que la corporación licencia la imagen de la autora a posters, postales, cuadernos y una infinidad de otros productos que llevan la imagen de las pinturas de la artista.

Se puede concluir que la Corporación Frida Kahlo es el ejemplo más claro, pasando de lo general (la teoría de Walter Benjamin) a lo particular (la Corporación Frida Kahlo), de que la teoría de Walter Benjamin sigue vigente.

El aura de las pinturas de Frida Kahlo se ve extinta por el hecho de que estas han sido masificadas, reproducidas en distintos formatos y vendidas en masa. Este proceso ha hecho que Frida Kahlo y sus pinturas no solo pierdan el aura, sino los significantes propios de su existencia.

Frida Kahlo ya no es apreciada como un ícono del mestizaje, ni mucho menos como un ícono de la cultura e historia mexicana. Frida Kahlo es hoy en día una celebridad que, con la ayuda del marketing, pone su rostro y sus pinturas en cualquier producto que pueda ser consumido en masa para poder lucrar.

SOBRE EL AUTOR

Paolo Agramont es Licenciado en Ciencias de la Comunicación por la Universidad Católica Boliviana "San Pablo" regional La Paz.

Actualmente vive en La Paz Bolivia donde divide su tiempo entre la lectura, la escritura y el cine.

BIBLIOGRAFÍA

Adorno, T.W. y Benjamin, W. (2001).
The Complete Correspondence (1928-1940). Lonitz, H. (Ed.).
Estados Unidos: Harvard University Press.

Adorno, T.W. y Eisler, H. (1994).
Composing for the films. Londres: Continuum.

Ávila, O. (1 de julio de 2007).
Art lovers fret as kin cashes in on Frida Kahlo name. *Chicago Tribune,* s.e., s.n. Recuperado de: http://articles.chicagotribune. Com/2007-07-01/news/ 0707010056_1_frida-kahlo-diego-rivera-ofelia-medina

Benjamin, W. (2003).
La obra de arte en la época de su reproductibilidad técnica. México D.F.: Editorial Ítaca.

Castellanos, L. (27 de mayo de 2007).
Frida Kahlo: marca registrada. El Universal, s.n., s.e.

CNN México (12 de abril de 2010).
El mayor comercializador de la imagen de Frida Kahlo es venezolano. *Expansión en alianza con CNN México* [portal web de noticias]. Recuperado de: http://mexico.cnn.com/ entretenimiento/2010/04/12/el-mayor-comercializador-de-la-imagen-de-frida-kahlo-es-venezolano

Dinero en Imagen (6 de julio de 2015).
Frida Kahlo, una artista que se convirtió en marca. *Dinero en Imagen.* Recuperado de: http://www.dineroenimagen.com/2015-07-06/58098

Echeverría, B. (2003).
"Introducción" en W. Benjamin: *La obra de arte en la época de su reproductibilidad técnica.* México D.F.: Editorial Ítaca.

Edwards, T. y Kellner, D. (2007).
Positions, Cultural Theory Classical and Contemporary. Londres: SAGE Publications Ltd.

Frida Kahlo Corporation (2015).
Frida Kahlo Corporation [página web institucional]. Obtenido de: http://www.frdakhalocorporation.com/

Greer. G. (1 de mayo de 2005).
Patron saint of lipstick and lavender feminism. *Tate etc.* (4). Recuperado de: http://www.tate.org.uk/context-comment/articles/patron-saint-lipstick-and-lavender-feminism

Horkheimer, M. y Adorno, T.W. (1994).
Dialéctica de la ilustración. Madrid: Editorial Trotta.

Kahlo, I.P. (2004).
Frida Íntima. México D.F.: Ediciones Gato Azul.

Kettenmann, A. (1999).
Frida Kahlo. Hohenzollernring: Taschen.

Lindauer, M.A. (1999).
Devouring Frida: The Art History and Popular Celebrity of Frida Kahlo. Nueva Inglaterra: Wesleyan University Press.

Marcuse, H. (1969).
An Essay on Liberation. Boston, Massachussets: Beacon Press.

Moreno, C. (12 de abril de 2016).
A First Look At MAC's Selena Quintanilla Collection Is Finally Here. *Huffington Post.* Recuperado de: http://www.huffingtonpost.com/entry/a-first-look-at-macs-selena-quintanilla-collection-is-finally-here_us_570d10f1e4b01422324a2650

Ming, Y. (14 de mayo de 2015).
See Frida Kahlo's colorful collection of clothes. *Time Magazine,* s.n., s.e. Recuperado de: http://time.com/3858100/see-frida-kahlos-colorful-collection-of-clothes/

Notimex (3 de enero de 2013).
El guardarropa secreto y artículos personales de Frida Kahlo. México: Notimex TV, 4 minutos. Recuperado de: https://www.youtube.com/watch?v=es5gHSaWDTs

Orosz, D. (1 de agosto de 2015).
Frida Kahlo, una herida en venta. *La voz.* Recuperado de: http://vos.lavoz.com.ar/artes/frida-kahlo-una-herida-en-venta

Ortoll, S. y Ramírez de Arellano, A. (2003).

Frida Kahlo: Retrato de la artista como esposa empresaria. *Desacatos* (11).

Palaversich, D. (2008).
Repensando a Frida Kahlo en el centenario de su nacimiento. *Ciberletras: Revista de crítica literaria y de cultura* (19). Recuperado de: http://www.lehman.edu/faculty/guinazu/ciberletras/v19/palaversich.html

Pankl, L. y Blake, K. (2012).
Made in Her Image: Frida Kahlo as Material Culture. *Material Culture* 44 (2): 1-20. Recuperado de: https://www.k-state.edu/geography/kblake/papers/Made%20in%20Her%20Image,%20Frida%20Kahlo%20as%20Material%20Cutlure.pdf

Porr, J. (29 de marzo de 2016).
Frida Kahlo would hate your Frida Kahlo shirt. *Golden Gate Xpress.* Recuperado de: http://goldengatexpress.org/2016/03/29/frida-kahlo-would-hate-your-frida-kahlo-shirt/

Taymor, J. (Dir., 2003).
Frida [DVD]. Estados Unidos: Handprint Entertainment, Lions Gate Films, Miramax y Ventanarosa Productions, 123 minutos.

Wiggershaus, R. (1995).
La escuela de Frankfurt. Buenos Aires. Fondo de Cultura Económica.

www.ingramcontent.com/pod-product-compliance
Lightning Source LLC
Chambersburg PA
CBHW030647220526
45463CB00005B/1677